Eu, Vendedor

UM GUIA DE EXPERIÊNCIAS E DICAS PARA CRESCER NA VIDA E NOS NEGÓCIOS VENDENDO QUALQUER COISA

PAULO MACCEDO

SÃO PAULO, 2018
WWW.DVSEDITORA.COM.BR

Eu, vendedor
UM GUIA DE EXPERIÊNCIAS E DICAS PARA CRESCER NA VIDA E NOS NEGÓCIOS VENDENDO QUALQUER COISA

Copyright© DVS Editora Ltda 2018
Todos os direitos para a língua portuguesa reservados pela editora.

Nenhuma parte dessa publicação poderá ser reproduzida, guardada pelo sistema "retrieval" ou transmitida de qualquer modo ou por qualquer outro meio, seja este eletrônico, mecânico, de fotocópia, de gravação, ou outros, sem prévia autorização, por escrito, da editora.

Capa: Eduardo Torres - adaptação DVS Editora
Diagramação: Schaffer Editorial

```
      Dados Internacionais de Catalogação na Publicação (CIP)
             (Câmara Brasileira do Livro, SP, Brasil)

       Maccedo, Paulo
          Eu, vendedor : um guia de experiências e dicas
       para crescer na vida e nos negócios vendendo qualquer
       coisa / Paulo Maccedo. -- 1. ed. -- São Paulo :
       DVS Editora, 2018.

          ISBN 978-85-8289-183-4

          1. Administração de vendas 2. Comunicação oral
       3. Sucesso em vendas 4. Vendas e vendedores
       5. Vendas - Manuais, guias etc. I. Título.

   18-18980                                    CDD-658.85
                 Índices para catálogo sistemático:

           1. Vendas e vendedores : Administração    658.85

       Iolanda Rodrigues Biode - Bibliotecária - CRB-8/10014
```

Dedicado ao meu filho Gabriel.

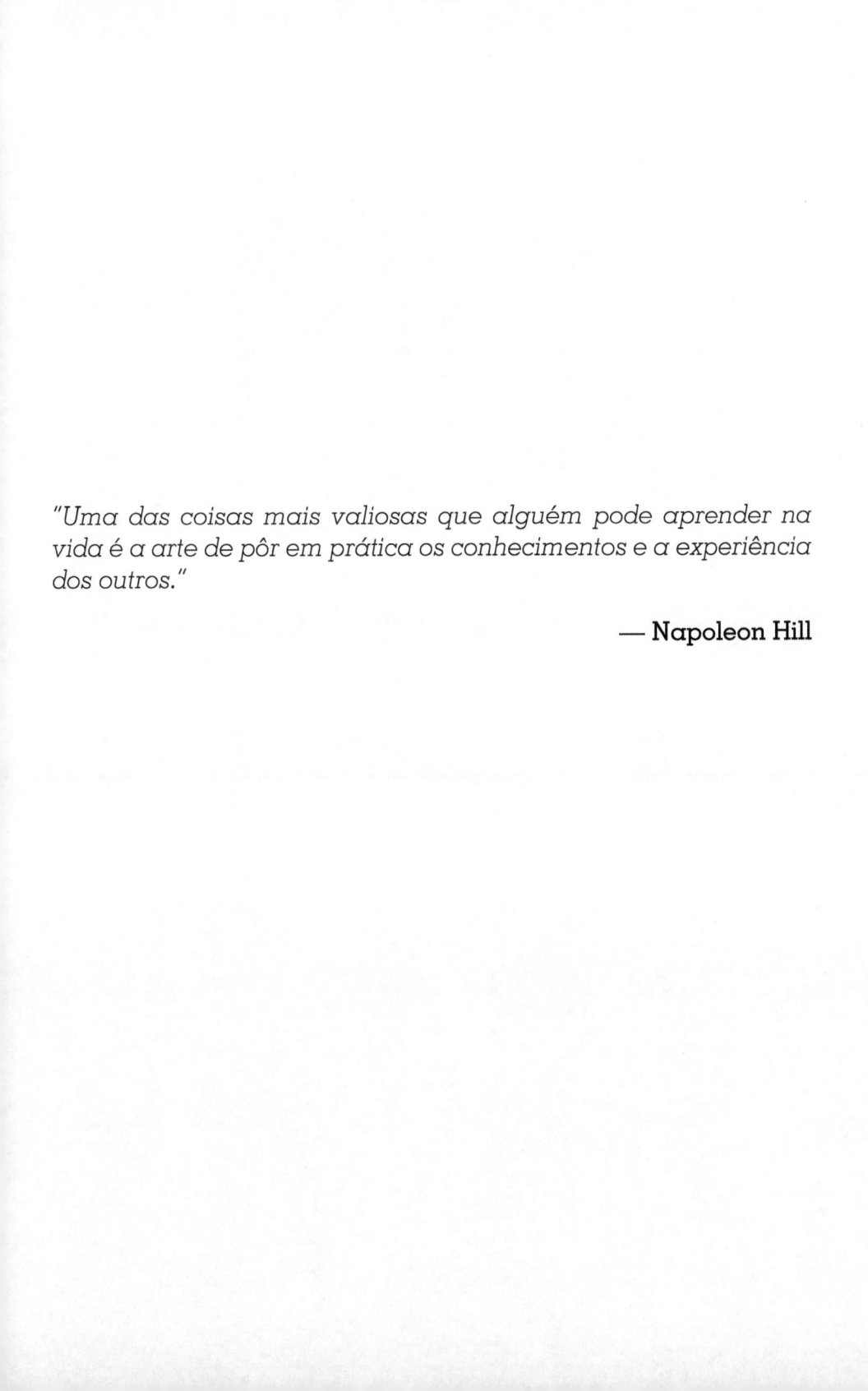

"Uma das coisas mais valiosas que alguém pode aprender na vida é a arte de pôr em prática os conhecimentos e a experiência dos outros."

— **Napoleon Hill**

Sumário

Prefácio.................................. 9

Sobre o futuro............................ 11

Capítulo 1 – Encontrando o caminho 15

Capítulo 2 – Trilha de oportunidades............. 21

Capítulo 3 – Resultados geram crescimento 27

Capítulo 4 – Crenças, medos e preconceitos 33

Capítulo 5 – Sobre vender 39

Capítulo 6 – Elementos essenciais no processo de vendas 45

Capítulo 7 – Os diferentes tipos de vendas 53

Capítulo 8 – Produtos para vender de porta em porta 59

Capítulo 9 – Como conquistar clientes 65

Capítulo 10 – Como fidelizar clientes 71

Capítulo 11 – Como vender mais para os mesmos clientes...... 77

Capítulo 12 – Como vender produtos de valor alto. 83

Capítulo 13 – Venda consultiva. 89

Capítulo 14 – Lições do maior vendedor de carros do mundo 95

Capítulo 15 – Você é seu melhor produto 101

Capítulo 16 – O ingrediente que não pode faltar na
                 receita do sucesso 107

Capítulo 17 – Como vender em épocas de crise 113

Capítulo 18 – Motivação 119

Capítulo 19 – 13 hacks para você alcançar seus
                 objetivos financeiros 125

Sobre o seu presente 131

Conteúdo Bônus 132

Agradecimentos 133

Lista de leitura sobre a arte de vender 135

Prefácio

Vender.

O que é, de verdade, essa habilidade? E será que ela é importante para você, mesmo que você não trabalhe como vendedor?

Talvez você ache que vender é ser como aqueles "vendedores malandros", que querem apenas enrolar para vender um produto meia boca...

Ou talvez você pense que não nasceu para isso...

Ou melhor...

Você já sabe de alguma forma que bons vendedores têm comissões bem generosas no mercado, e têm uma vida fantástica, sem preocupações financeiras...

E você quer isso para você também.

Veja...

Há muitas definições para o que é "vender".

Porém, vou economizar seu tempo em discussões filosóficas e ir direto ao ponto.

Vender é um Jogo de Transformar Vidas.

E aqui estou falando desde as grandes empresas e corporações ao redor do mundo, até o bebê que chora para conseguir a atenção da sua mãe. Nós estamos o tempo todo nos vendendo de alguma forma.

Podemos simplificar o processo de venda em 4 passos simples:

1. Chamar a atenção do cliente
2. Mostrar que ele tem um problema que precisa ser resolvido

3. Mostrar as soluções possíveis
4. Mostrar a sua solução como a que vai resolver melhor o problema dele naquele instante

Claro, às vezes esse é um processo mais longo, como vendas entre empresas, ou quando você vai comprar um imóvel.

Às vezes é mais curto (como quando você acordou com uma dor de dente insuportável e correu para seu dentista).

A vida é um jogo de vender. Relacionar-se.

E você, como aspirante a vendedor, ou mesmo já com alguma experiência, sabe bem que você vai ouvir vários "nãos" em sua jornada.

Só que a cada "não", você se fortalece... porque você aprende.

Mesmo naqueles "piores meses" você vai encontrar aquela fagulha de força e determinação que só quem tem o sangue de vendedor (ou a necessidade extrema de vender) conhece.

E você vai e fecha a sua melhor venda do mês.

Depois vem outra. E outra. E outra.

E você lembra porque escolheu essa vida.

Porque a gratificação de ver um cliente com sua vida transformada não tem preço.

(E nossas comissões costumam ser generosas também.)

Se você escolheu essa vida, ou está estudando e "tateando" pelo caminho, está em boas mãos.

Com uma história inspiradora, tive a honra de ser convidado para escrever esse prefácio e preparar você para o que está por vir.

O Paulo Maccedo conta com grande leveza sua trajetória, e as dicas e lições que ele traz são valiosas para todos os vendedores.

Essa é uma jornada incrível.

Se você está disposto a abraçar essa profissão e desenvolver suas habilidades como vendedor, posso apenas lhe fazer uma singela saudação:

Seja Bem-vindo ao País das Maravilhas.

E aproveite cada passo dessa jornada.

À Sua Riqueza e Felicidade!

Gustavo Ferreira
Vendedor, empresário e autor do livro
Copywriting: Palavras que Vendem Milhões.

Sobre o futuro

*Se um dia o homem dominar o espaço,
alguém terá que vender terrenos em Marte.*

Século XXI. Em escala mundial, verificamos o crescimento do processo de Globalização da economia e da informação, potencializado, sobretudo, pela Revolução Digital. Vivemos uma evolução tecnológica nunca vista antes na história. Tudo é rápido, dinâmico, acelerado.

Evolução é algo que sempre esteve presente na vida do homem, abrangendo desde os primórdios até — e principalmente — os dias atuais. A evolução cada vez aumenta mais sua relação com o homem, à medida que aumenta também o seu ritmo.

A Revista SUPER, em reportagem de capa da edição de outubro de 1987, anunciava: "Se tudo der certo, antes ainda do final do século, estarão prontos os frutos da revolução dos supercondutores."

Livros e filmes previram que o espaço seria colonizado pelos humanos, que carros voadores entrariam em cena, que a comunicação quebraria fronteiras via antena parabólica e que a civilização sucumbiria por conta da superpopulação.

O mundo mudou, mas nem tudo isso aconteceu. Aliás, muita coisa aconteceu de modo oposto: programas espaciais entraram em declínio, a internet surgiu e se consolidou, o crescimento populacional se estabilizou.

Ou seja, o futuro não é mais o mesmo. Mas não paramos de evoluir.

"Continuem olhando para o futuro", é o que dizem. E olhamos. Hoje se torna cada vez mais evidente que o futuro do trabalho será determinado pela inteligência artificial (IA) e pela automação. Essas duas tecnologias vão eliminar alguns empregos, mas também criarão novas oportunidades.

E o que irá permanecer? Sem sombra de dúvidas, o trabalho do vendedor. E isso eu afirmo não apenas olhando para frente, mas principalmente, olhando para trás. Costumo dizer que, quanto mais conseguirmos olhar para o passado, mais conseguiremos enxergar o futuro.

Vendedores, desde os mais antigos, como os mercadores do mediterrâneo, até os mais modernos, como os representantes comerciais online, são figuras-chave no desenvolvimento humano.

A tecnologia avança, novas soluções empresariais são criadas, mas a venda permanece como umas das atividades mais importantes do mundo.

Pare por um minuto e observe o ambiente à sua volta. Todas as coisas que estão no lugar onde você se encontra neste momento foram vendidas por alguém. Tudo o que você está vestindo e usando é fruto de venda em algum nível.

Mesmo que a camisa que você esteja vestindo tenha sido feita em casa, o tecido e a linha para fazê-la foram vendidos por alguém. Perceba, nada acontece sem as vendas.

Nas nações, à medida que os governantes buscam o desenvolvimento e o bem estar dos povos, cresce a importância do papel dos vendedores para fazer movimentar a economia.

Ressalto tudo isso para conscientizar sobre a importância da atividade.

A tecnologias estão modificando o trabalho do vendedor. Call Centers, televendas, marketing direto, e-mail, smartphones, internet, e-commerce, redes sociais, blogs. Muitos vendedores usam dispositivos móveis para colocar pedidos, atualizar banco de dados de clientes, gerenciar estoques, etc. A tecnologia facilita, modifica processos, mas a essência da venda continua a mesma:

O lado humano.

Por conta do marketing, hoje o vendedor é mais orientado ao cliente e possui como objetivo construir e manter um bom relacionamento em vez de simplesmente fechar contratos e tirar pedidos. A função principal do vendedor não é mais produzir e vender, mas satisfazer à clientela, consultando-a antes de oferecer qualquer coisa.

Se você aprender a vender com entusiasmo e perseverança, sempre com foco na satisfação dos clientes, poderá desfrutar de uma vida mais prazerosa e recompensadora. Em outras palavras, poderá obter lucro, prestígio social e muitas outras coisas não tão fáceis de conseguir em outras profissões.

São diversos os campos que você pode atuar como vendedor, já que se caracteriza como venda qualquer atividade que envolve uma relação de troca entre empresas e pessoas. Os exemplos vão desde vendas diretas de produtos e serviços até transações de papéis (seguros, por exemplo).

Todo negócio, em algum momento, tem a venda como parte do seu processo de trabalho. Por isso a atividade é essencial para o desenvolvimento empresarial e econômico. Você pode se beneficiar disso diretamente.

Empresas que praticam ações de vendas — lojas, supermercados, magazines, bancos, seguradoras, empresas jornalísticas, editoras, entre outras — mantêm vendedores de diversas categorias: fixos, comissionados, terceirizados, etc.

Esses profissionais têm a chance de crescerem e se desenvolverem na carreira, obtendo ganhos em escala de acordo com o próprio desempenho. Esse é um grande diferencial da área de vendas para outras profissões.

Tudo isso se deve também à "palavra mágica": comissão. Após as primeiras experiências com metas batidas e comissões recebidas, vendedores dificilmente desejarão outras formas de remuneração.

Falo por experiência própria. Foi vendendo, batendo metas e recebendo comissões que eu tive oportunidade de construir minhas primeiras fontes de lucro. Isso abriu o caminho para que eu me tornasse mais livre, mais próspero e que ingressasse numa jornada de iniciativa e empreendedorismo.

A atividade de venda serve como mola propulsora para o sucesso, e quem se desenvolve como vendedor tende a não se contentar mais com a fórmula: emprego fixo + salário mínimo. Se isso faz sentido para você, ótimo, você tem o livro certo em mãos.

Nas próximas linhas você terá um guia com insights, dicas e técnicas que vão ajudá-lo a se tornar um vendedor de altos resultados. Meu conselho é que você não encerre a leitura antes do fim e não pule nenhum capítulo, pois incluí nesta obra informações valiosas que farão a diferença na sua jornada profissional.

Se você quer realmente crescer na vida e nos negócios, aqui estão as chaves para você aprender a vender, conquistar clientes, ganhar comissões, obter lucro e construir patrimônio.

"Coma" cada palavra deste livro!

Capítulo 1

Encontrando o caminho

"As oportunidades multiplicam-se à medida que são agarradas."

— Sun Tzu (general, estrategista e filósofo chinês)

Aos dezenove anos, comecei a trabalhar como atendente de lojas em uma papelaria na minha antiga cidade. Nessa época, entendia que vender era sinônimo de atender bem aos cl ientes que entravam no estabelecimento comercial.

No terceiro dia de treinamento, um homem adentrou no departamento caminhando calmamente. Me aproximei dele expressando a frase padrão:

— Posso ajudar?

— Só darei uma olhadinha nos livros, respondeu ele sorrindo.

Após dizer isso, foi até a repartição de literatura empresarial conferir os lançamentos. Tínhamos a ordem de acompanhar os clientes até a livraria, que ficava num andar acima, em anexo, numa plataforma de alvenaria.

Enquanto ele folheava as obras literárias, esperei uma brecha para iniciar uma conversa. Na primeira chance — de forma inconsciente — fiz perguntas abertas que o conduziram à compra.

Foram suficientes 10 min. de conversa para ele comprar nada menos que seis livros. Abismado com a minha capacidade de persuadi-lo, aquele sujeito expressou:

— Ei, você leva jeito para vender!

E complementou dizendo que eu deveria investir na profissão de vendas, principalmente, se quisesse "crescer na vida".

O sujeito, que era um vendedor experiente, me fez entender que ter uma carreira na área de vendas iria me proporcionar um futuro mais interessante, com mais liberdade financeira, inclusive.

Ok, isso era muito melhor do que continuar sendo um atendente de uma loja de variedades. Fui convencido.

Após aquele dia, refleti muito sobre o que tinha ouvido daquele desconhecido e decidi apostar na ideia de me tornar um vendedor. Mergulhei então num mar de informação. Passei a treinar minha desenvoltura em vender enquanto mantinha minha função como atendente.

No próximo ano, consumi tudo o que pude sobre a arte da venda. Comprei livros, assisti vídeos, fiz cursos e fui me aperfeiçoando em atendimento e relacionamento com os compradores no ponto de venda.

Estudei linguagem corporal, argumentação, postura... Quando me dei por conta, não estava mais no "zero" e tinha uma ideia melhor do que era vender. Estava disposto a fazer isso pelo resto da minha vida.

Oportunidade

Ainda permaneci naquela loja por um ano e meio. Durante esse tempo, "planejei" minha mudança de atividade. Pensava que, quando saísse do emprego, me tornaria definitivamente vendedor.

Considerava possibilidades. "Quem sabe eu me torne um vendedor de cosméticos de porta em porta"; "Ou vendedor de carros"; "Ou representante comercial de marcas conhecidas"; "Quem sabe até um agente de marketing de rede". Mas meu ingresso na área de vendas foi atuando em outro setor...

Quando finalmente fui demitido, montei em minha bicicleta e segui em direção à casa. Nessa época eu já era casado e precisava dar a notícia do desemprego à esposa. Preparava-me psicologicamente para dizer à ela o que havia acabado de acontecer.

Pode chamar de sorte ou destino o que vou revelar agora, como queira. No mesmo dia em que eu fui demitido, enquanto pedalava pensativo, avistei de longe um cartaz que dizia: "Precisa-se de representantes publicitários". Minha interpretação para o anúncio foi: "Aqui está sua oportunidade de começar a vender. Agarre!"

Interessado, parei para pedir informações. O trabalho consistia em vender espaços publicitários num futuro jornal de bairro. Após uma breve conversa com a dona do empreendimento (uma senhora um tanto simpática) fui praticamente contratado. "Você começa na semana que vem", disse ela entusiasmada.

Impressionante, não é? Sim, foi exatamente dessa forma: poucos minutos após minha demissão, já estava contratado para trabalhar na área em que pretendia atuar.

Na quarta-feira da semana seguinte, fiz minha primeira "caminhada" como homem de vendas, fechei dois contratos em 4 horas de prospecção e voltei para casa felicíssimo. Meu destino estava traçado.

Desde então, nunca mais parei de vender. Hoje, quase uma década depois, não há nada que eu faça que não tenha venda em algum momento. Estou diariamente vendendo ideias, serviços e produtos, seja no mundo *off-line* ou no universo digital.

Desejo, coragem e mudança

A maioria das pessoas busca por um emprego melhor ou por uma guinada na carreira. Mas a verdade é que nem todo mundo sabe aproveitar "oportunidades ocultas". Sai na frente aquele que consegue identificar as chances de mudanças e de experiências positivas no menos óbvio.

Era cômodo para mim continuar como funcionário em lojas de departamento, recebendo um salário comercial em dias certos do mês e desfrutando de benefícios como férias e horas extras. Mas aquilo não era suficiente, não para alguém inconformado como eu.

Comecei a moldar um perfil mais atento e disposto a enfrentar desafios. Passei a agir mais. E foi exatamente isso que garantiu minha mudança para melhor. Tudo começou com o desejo, mas nada teria acontecido se eu não tivesse dado lugar à coragem e à iniciativa. Eu precisava estar pronto, precisava fazer alguma coisa.

O autoaprendizado foi algo fundamental. O fato de eu estar disposto a buscar nos livros a chave do preparo contribuiu fortemente para que a transição de carreira acontecesse. O conhecimento deve ser buscado constantemente. Só com desenvolvimento pessoal é possível caminhar em direção ao êxito pessoal e profissional.

Iniciativa

As pessoas, num geral, estão divididas em três grupos: os conformados, os inconformados e os transformadores.

O primeiro é formado por gente que permanece parada, esperando pela sorte; o segundo, por gente que apenas "fala e reclama"; e o terceiro, por gente que faz alguma coisa para mudar.

Até a minha descoberta como vendedor, eu era do tipo inconformado com a vida que levava. Por anos, agia como um "reclamão". Protestava, exigia, "batia o pé", mas não fazia muita coisa para mudar. As coisas só começaram a ser diferentes quando tive iniciativa, quando decidi fazer algo novo.

A essência da iniciativa é entrar em ação, ou seja, fazer acontecer. O indivíduo com iniciativa tende a realizar ações, desprezando obstáculos e situações contrárias. É um *tipo único* com ousadia, intrepidez e denodo. Iniciativa é atitude de quem opta pela inovação, pelo arrojo, em oposição ao já estabelecido e aceito.

A iniciativa é um dos fatores fundamentais para o sucesso em qualquer área da vida. Podemos compará-la com o eixo de uma roda. Sem o eixo, a roda simplesmente não gira. Assim também é a sua vida pessoal e profissional sem a iniciativa.

É difícil imaginar que alguém possa atingir resultados satisfatórios na vida e nos negócios sem iniciativa.

Sem a chama da iniciativa, você não tem outra escolha a não ser reagir ao que o mundo lhe impõe. Sem a capacidade de tentar algo novo, você é com um barco, parado, à deriva, esperando ser levado pelo vento.

Iniciativa, a primeira lição deste livro.

Capítulo 2
Trilha de oportunidades

"Um homem esperto cria mais oportunidades do que encontra."

– Francis Bacon (político, filósofo e ensaísta inglês)

Vender é uma missão. Missão de não somente trocar um produto por dinheiro, mas de construir relacionamentos e gerar oportunidades. Aliás, um bom vendedor deixa uma trilha de oportunidades por onde passa.

Ao caminhar em direção aos seus objetivos, um homem de vendas tem a chance de se desenvolver pessoal e profissionalmente e alcançar um nível maior de poder econômico e social através da influência. Mas tudo, de alguma forma, depende do grau de envolvimento aplicado.

A chave está além da realização de tarefas e cumprimento de carga horária. Para literalmente crescer na vida e nos negócios, é preciso assumir postura e atitudes favoráveis ao crescimento.

Desbravar e conquistar

Quando saí definitivamente da papelaria, me dediquei exclusivamente a vender para o jornal. Passei a prospectar clientes durante cinco dias na semana, em horários flexíveis, caminhando de 4 a 7 km por dia.

Colocando em prática o que havia lido nos livros, fui me superando diariamente. Ignorei "nãos", desconsiderei portas fechadas, bati metas. Após três meses de intensa prospecção, vendi 70% dos espaços publicitários da primeira edição do jornal.

Um ótimo resultado para um vendedor iniciante, não? Mas havia um detalhe...

O jornal era apenas um projeto. O meio de comunicação havia estado em circulação em outro estado, mas na cidade em que morávamos, era apenas um projeto no papel. E para que o jornal tomasse forma, era preciso investimento financeiro inicial.

Mas a dona não tinha recursos e contava apenas com o dinheiro dos anúncios vendidos. Então, naquele momento, eu era "o principal responsável" pelo lançamento do jornal. Isso era um grande problema.

Apesar de ter vendido muito, o dinheiro que consegui não era suficiente para bancar uma primeira edição. Então os clientes começaram a reivindicar a veiculação de seus anúncios, e eu, com toda paciência, tentei contornar a situação. Em vão.

Levava a queixa dos clientes até à dona, que rebatia com desculpas e pedidos de calma. Eu engolia em seco, respirava fundo e nunca via o bendito jornal sair. Faltava planejamento e capital. Como consequência, clientes insatisfeitos e minha quase desmotivação.

No fim do terceiro mês já estava um tanto desanimado, mas, mesmo assim, vestia minha camisa social, pegava minha maleta com material de apresentação e saía para prospectar.

"Segurei a onda por mais um tempo." No entanto, diante da falta de resultados, o desespero bateu à porta. Minha terceira parcela do seguro desemprego estava terminando, e, pensando nas dívidas e compromissos financeiros, me afligi.

Um passo para trás

Numa manhã de sexta-feira, resolvi vender um espaço do jornal para um antigo patrão (de um emprego anterior à papelaria). Antes de começar a apresentar os benefícios de anunciar no jornal, ele me disse convicto:

— Eu não invisto nesse tipo de publicidade. Para mim não funciona! Mas eu quero te fazer uma proposta... Volte a trabalhar comigo. Isso aí não vai te dar futuro.

Tentei indagar, dizendo:

— Mas é isso o que faço agora... Sou um vendedor.

Mas com uma frase direta, ele me venceu:

— Vou te pagar mais do que você está ganhando nesse jornal.

E antes de dizer mais alguma coisa, me disse o valor que estava disposto a me pagar. Associando sua proposta à minha real necessidade, respondi em alguns segundos:

— Aceito!

No dia seguinte, avisei à dona do jornal que não poderia mais continuar como vendedor em sua empresa.

"Voltei uma casinha no jogo".

Gilbert K. Chesterton, um dos meus autores preferidos, tem um pensamento que se encaixa bem no contexto dessa situação: "Na beira de um precipício, só há uma maneira de seguir adiante: dar um passo atrás".

O trabalho que eu teria que fazer naquela loja nada tinha a ver com o sonho de me tornar um vendedor. Eu teria que trabalhar muitas horas por dia carregando caixas pesadas de mercadorias e aturar muita pressão de um grande comércio de atacado.

Isso era bem diferente do que eu havia planejado. Eu tinha certeza que aquele era um local em que eu não teria a oportunidade de crescer profissionalmente (já havia estado ali uma vez e as experiências não haviam sido boas). Mas como eu tinha que cumprir compromissos financeiros e não deixar falta em casa, não podia mais contar com as incertezas do jornal.

Chama acesa

Apesar de ficar decepcionado nessa primeira experiência com as vendas, mantive a esperança. Ainda pretendia construir carreira como vendedor. Desejava, do fundo do meu coração, que o trabalho naquele comércio fosse realmente provisório.

Comecei a pensar em como encontraria outra oportunidade de voltar a vender. Permaneci ali por um mês e meio até que outra luz surgiu em minha frente...

Numa segunda-feira, por volta das 19h30min, cheguei em casa e minha esposa me passou um recado:

— A secretária da rádio da cidade ligou para você.

Fiquei curioso. O que ela poderia querer comigo?

Na manhã do dia seguinte, peguei o telefone e disquei o número da rádio. Descobri que o dono queria fazer uma entrevista de emprego comigo. Marcamos uma conversa para o dia seguinte, à noite, depois do expediente.

Chegando lá, ele revelou que desejava me contratar para cuidar da parte comercial da sua rádio. Ofereceu-me uma nova chance de trabalhar como vendedor direto. Sorri por dentro e disse a mim mesmo:
— É... o destino está mesmo traçado!

Rastros

Preciso revelar agora como essa vaga surgiu. Enquanto eu vendia os espaços publicitários do jornal, acabei criando uma "trilha de oportunidades".

As oportunidades têm uma característica especial de se esconder nos lugares que menos imaginamos. A impressão é que elas somem quando as estamos procurando e aparecem quando menos esperamos.

Durante os três meses que fiquei vendendo para o jornal, fiz várias visitas à rádio para tentar vender um espaço publicitário ao seu dono. Ouvi vários "nãos", mas aparecia com um argumento novo na semana seguinte, tentando fazer com que ele fechasse ao menos um quadradinho de anúncio no impresso.

Em resumo, saí do jornal sem conseguir vender para ele, mas minha insistência o fez se interessar pelo meu trabalho como vendedor. Então, quando o profissional que cuidava da parte comercial da rádio deixou o emprego, a primeira pessoa que ele pensou para preencher a vaga foi justamente eu, "o cara insistente do jornal".

Você deve fazer sua parte sempre. Você é o responsável por criar uma "trilha de oportunidades", ou seja, de formar um caminho de favorecimento deixando portas abertas e marcando a vida das pessoas de forma positiva.

Um fator determinante para fazer isso enquanto você vende, é se apaixonando pelo que você faz. É ser capaz de apresentar sua ideia ou produto de uma forma que qualquer um que ouça também se apaixone.

Se você está seguro sobre aquilo que vende, isso não só projetará confiança e segurança, mas também criará uma motivação interna que lhe permitirá encontrar novas possibilidades.

Não vivemos num filme de Hollywood ou seriado da Netflix, por isso não espere que alguém apareça e lhe entregue um envelope contendo um prêmio milionário. Se você deseja alguma coisa, de verdade, é preciso que faça acontecer (esse é, inclusive, o tema principal de outro livro meu: Sobre Fazer Acontecer: O Segredo de quem Empreende).

Comece hoje a formar sua trilha de oportunidades.

Capítulo 3

Resultados geram crescimento

"Resultados e recursos existem fora da empresa, não dentro dela."

– Peter Drucker (escritor, professor e consultor - Considerado o pai da administração moderna)

Empresas necessitam crescer, em primeiro lugar, por uma questão de sobrevivência. Sendo o mercado competitivo e muito dinâmico, aquele que não cresce tende a ser derrotado e diminuído por aqueles que estão se destacando.

Não há outra maneira de crescer de forma saudável sem vender de forma recorrente. Baixa em vendas causa estagnação e prejuízo. O dono da rádio me contratou porque sabia bem disso.

Quando eu comecei a trabalhar com ele, a empresa já estava um tanto estabilizada na cidade, mas as vendas estavam se mantendo no mesmo nível, ou seja, sem aumentarem. Meu trabalho, portanto, se resumia em arranjar novos anunciantes.

Como agente de publicidade, vendendo anúncios para este meio de comunicação, tive alguns dos maiores aprendizados sobre negócios que moldam minhas iniciativas até hoje...

Mais uma milha

No início, eu prospectava para a rádio das 10h às 16h, todos os dias. Meu primeiro contrato fechado foi com uma nova loja de queijos da cidade. Além do contrato, para a surpresa do patrão, cheguei na rádio com o texto do comercial pronto. Fui pegando a manha na criação dos anúncios também (fazer mais que o esperado, grave isso).

Vale destacar que nessa época eu morava no interior litorâneo do Rio de Janeiro, não tinha habilitação ainda e o único meio de transporte disponível era uma bicicleta. Com a "magrela" (apelido carinhoso dado à bike) eu fazia todo o percurso. Cheguei a pedalar 20 km em um dia visitando as lojas da região. O bom é que mantive a forma física.

Hoje enxergo que esforços como esse não são para qualquer um. Enquanto eu vivia de oferecer pacotes de chamadas na rádio, a maioria dos jovens da minha idade estava pegando onda, andando de skate ou frequentando shows de rock. Não falo isso em tom de lamentação. Não mesmo. Sou grato a Deus por permitir me desenvolver dessa forma.

Eu já era casado, lembra? Tinha responsabilidades como esposo. Isso me impulsionou a manter as vendas sempre ativas para aumentar os meus próprios ganhos. O faturamento da rádio foi crescente pelos próximos meses e chegamos a praticamente dobrar o número de clientes.

Por conta disso, após um ano de trabalho intenso, recebi uma proposta irrecusável do atual patrão: se tornar sócio da empresa. Nessa função eu passaria a ter uma porcentagem dos lucros e não apenas comissões por vendas feitas. Galguei um degrau a mais na escada da realização profissional.

Claro que, como todas as grandes oportunidades, eu tinha muitos desafios pela frente. Como o dono da rádio estava quase que 100% inserido em outros empreendimentos, era minha, principalmente, a responsabilidade de fazer a empresa ser mais lucrativa.

Levei a missão à frente. Logo "comecei a perder os cabelos".

Nada aleatório

Algum tempo depois, ingressei na autoescola. Na mesma época, como roubaram a bicicleta que eu usava para prospectar, decidi comprar meu primeiro veículo: uma motoneta de 50cc. Isso me ajudou a atender mais clientes e fechar mais contratos num menor espaço de tempo.

Nos próximos anos, cresci muito no sentido pessoal e profissional. Passei a desenvolver atitudes e habilidades essenciais a um empreendedor: visão, perseverança, autoconfiança, capacidade de gestão e resiliência.

Depois de um tempo, criamos um segundo segmento na empresa: uma revista. Para atender a demanda de trabalho, nossa equipe aumentou, chegando a sete funcionários. Tive que me desdobrar para fazer várias coisas, e por um tempo, cuidei das áreas comercial e administrativa.

Aqui começo a destacar algumas estratégias que me fizerem gerar resultados com as vendas na rádio...

Plano de carreira

Criei um plano de carreira e de crescimento de vendas. Tracei uma rota para ir de vendedor a executivo, mesmo a empresa sendo pequena. Isso me manteve motivado e ativo.

Além disso, elaborei um website com blog para compartilhar meu conhecimento sobre publicidade. A intenção era desenvolver conteúdo e promover dicas para educar clientes, ao mesmo tempo em que consolidava o meu conhecimento e divulgava o meu trabalho.

Na revista, criei uma coluna chamada "Vender Mais", onde fazia um trabalho parecido. Logo, estava sendo convidado para ser colunista de diversos jornais e outros meios de comunicação.

Além de me esforçar para conquistar clientes e cumprir minhas metas, iniciei um processo de projeção, tentando contribuir para o local onde vivia. A pretensão era clara: ser o agente de publicidade mais conhecido da minha região. A autoridade obtida me ajudaria a vender mais.

Desde o início trabalhei minha marca pessoal e isso abriu as portas para que novos contratos fossem fechados. Usei também outros conceitos de marketing, como posicionamento, segmentação de mercado e marketing pessoal.

A intenção era fazer com que as pessoas que fossem atendidas por mim, tivessem motivos suficientes para confiar no meu trabalho. Tudo seria mais fácil com uma estratégia de marketing bem executada.

Em prática, segui o conselho: "Seja famoso para quem te conhece". É mais fácil acreditar em especialistas, por isso a palavra do médico tem mais validade do que o amigo que indicou um remédio para a sua doença.

Inteligência e amor

Repare, em menos de vinte e quatro meses meu crescimento como profissional de vendas foi exponencial. Fui de empregado a sócio de empresa em tempo recorde. Claro que isso se deve muito trabalho duro e esforço, mas também à inteligência aplicada e, claro, amor pelo que fazia.

Inteligência e amor em vendas acabam levando você ao entendimento que o consumidor é a peça fundamental de todo negócio. Os serviços ou produtos que você vende precisam atender as expectativas do cliente, ou terão poucas chances de vencer os desafios lançados pelo mercado.

Cada cliente perdido representa um cliente ganho pelo concorrente. Uma empresa que trabalha para manter seus clientes satisfeitos, oferecendo produtos com qualidade e serviços diferenciados, terão clientes por muito tempo.

A qualidade na abordagem, no atendimento e no relacionamento também são fatores determinantes para o sucesso como vendedor. Se a sua relação com os clientes for satisfatória, você será mais bem-sucedido.

Para que um bom relacionamento ocorra, é preciso que as partes desenvolvam respeito, confiança, empatia e harmonia. Quanto mais fortes forem esses sentimentos, maior será a relação interpessoal. Lembre-se disso e envolva seus clientes numa relação duradoura.

Migração

Após essa experiência, permaneci na rádio por quatro anos até que decidi criar novos projetos e me dedicar a outros tipos de negócios.

Com o tempo, migrei das vendas off-line para as on-line e passei a atuar como profissional de marketing digital.

Atualmente me dedico a outras formas de vendas, mas colecionei considerável experiência com vendas diretas, aprendendo, na prática, o que vou te ensinar a partir de agora!

Capítulo 4
Crenças, medos e preconceitos

> *"Eu costumava dizer:*
> *"Eu certamente espero que*
> *as coisas mudem."*
> *Então eu aprendi que o único*
> *modo de as coisas mudarem*
> *para mim é quando eu mudo."*
>
> – Jim Rohn (empreendedor, autor e palestrante americano)

Durante um tempo na minha vida, enfrentei desafios que me impediram de alcançar os meus objetivos.

Mais tarde, trabalhando com desenvolvimento pessoal e empresarial, descobri que eram minhas crenças limitantes que bloqueavam a capacidade de agir e gerar resultados.

Muitas pessoas acham que os fatores externos são os maiores influenciadores de nossas vidas, mas são as nossas crenças que governam e determinam nossas ações. Na verdade, toda mudança pessoal tem início na esfera interna, e não nas situações externas, como alguns creem.

Neste capítulo, indicarei algumas crenças, medos e preconceitos que podem limitar seus resultados como vendedor, oferecendo, em seguida, algumas ideias-chaves para você superá-las.

Papo de vendedor

"O famoso "papo de vendedor" e o "jeitinho brasileiro" são expressões que entram na receita do "manjar do diabo." Formou-se uma visão equivocada que todo profissional de vendas é um safado tentando arrancar o dinheiro alheio.

No Brasil, é fácil ser um especialista falso. Nosso país é um terreno fértil para charlatões. Por isso há ladrões, corruptos e larápios aos montes se valendo das vendas para enganar pessoas. Ok, mas achar que todo profissional que vende é safado, é cair no grave erro da generalização.

As pessoas compram produtos ruins praticamente todos os dias. Sofrem nas mãos de falsos gurus e são redondamente enganadas, conquanto, muitas vezes nem percebam. Mas me responda agora: os produtos bons produtos foram extintos? Obviamente que não. Pois é, e eles estão sendo vendidos por pessoas do bem.

Entende onde eu quero chegar? O trabalho dos maus não pode neutralizar o trabalho dos bons. Você precisa ser o tipo de vendedor do bem e jamais abrir mão da ética e da honestidade em sua jornada como homem de vendas.

Esse é um dos conselhos mais importantes que eu posso dar a você neste livro. Conselho este que, inclusive, ajudará a vencer a crença de que vender é ruim.

Dever moral

Costumo dizer que, se você tem um produto muito bom, tem a obrigação moral de vendê-lo. Creio até que se você não vendê-lo estará cometendo um mal, privando as pessoas de obterem algo que resolva seus problemas ou satisfaça seus desejos.

Gosto de associar vendas à geração de valor. No fim, toda venda existe para satisfazer as necessidades daqueles que precisam do resultado que o negócio oferece. E se um produto ou serviço resolve algo, ou satisfaz alguém, gera valor. E se gera valor, é bom.

Simples. Toda vez que eu consigo resolver o problema de alguém com o resultado do meu trabalho, estou agregando valor à vida dessa pessoa.

Portanto, na hora de escolher o produto para vender, pense no valor que ele gera. Isso vai servir como essência para você alcançar seus objetivos com mais facilidade, já que você terá a chance de aumentar o grau de satisfação do seu cliente, e consequentemente, ficará satisfeito também.

Livre-se

Como destaquei no início do capítulo, as crenças limitantes são muito poderosas e podem nos impedir de fazer muitas coisas, inclusive, nos levando a crer que somos incapazes de alcançar o êxito. Trabalhar para vencer essas crenças é essencial para se tornar um vendedor de sucesso.

Em outras palavras, para ser um homem de vendas você precisa se livrar de bloqueios que possa ter sobre a própria profissão. A verdade é que a maioria das pessoas tem um medo natural de fazer vendas, mas se você quiser vencer, precisa se sentir confortável em vender seus produtos ou serviços.

De um modo geral, a impressão que temos ao vender é que estamos "pedindo dinheiro" para as pessoas em troca de algo, e isso não é exatamente a coisa mais fácil de fazer, não é mesmo? A questão é que estes sentimentos podem ser os grandes responsáveis por não ganharmos o dinheiro que gostaríamos.

O medo nos mantém presos financeiramente, já que, quando precisamos negociar ou convencer alguém a fazer algo por nós, ele impede de darmos o melhor. O ideal, então, é descobrir como superar isso. Felizmente, é possível vencer este mal com alguns ajustes mentais...

Você já vende

Uma das formas mais eficazes para superar o medo de vender é ter a percepção clara que você já vende. Sim, você faz isso todos os dias. E, provavelmente, desde a infância. Quem na época de criança nunca insistiu para a mãe comprar um doce na rua? Ou na adolescência persuadiu o pai para ir numa festinha com os amigos?

Talvez hoje, adulto, você negocie a folga em seu trabalho com o patrão. Quem sabe não persuade seu cônjuge a ir num lugar em vez de outro. Talvez até argumente para receber desconto numa loja.

No fim, tudo isso gira em torno de vendas, pois você está usando persuasão para receber vantagem, mesmo que não seja, necessariamente, para receber dinheiro. Em outras palavras, você já é um vendedor e provavelmente nunca havia percebido.

Objeções

Culturalmente, os latino-americanos, incluindo os brasileiros, são formados por indivíduos que evitam a resistência, que gostam de contornar situações de conflito e têm dificuldade para lidar com objeções.

Uma pesquisa de 2016, realizada pelo Instituto Brasileiro de Vendas (http://ibvendas.com.br/), revela que 55,2% dos profissionais da área comercial admitem sentir receio na hora de intermediar uma negociação, ainda que somente, em determinadas situações.

A pesquisa também aponta que 73,6% dos vendedores sentem algum tipo de desconforto ao receber a primeira objeção do cliente. Esse temor ocorre pelo fato de a negociação ser um momento desafiador, de embate e de conflitos de ideias. O seu medo de vender pode se originar daí.

Mas é preciso entender que negociar é natural. É um ato em que dois ou mais lados se confrontam, mas sempre na tentativa de encontrar um meio em que todos saiam satisfeitos.

Aqui entra outro ensinamento que obtive atuando na área comercial...

Relação ganha-ganha

Essa relação se constrói quando a negociação tem uma característica: ninguém perde, todos ganham. É o que se pode dizer, por exemplo, da relação ideal entre um casal. Se há consenso, se os dois chegam a conclusões que beneficiam a ambos, a relação é ganha-ganha.

Para formar esse vínculo, tanto o vendedor quanto o cliente devem expor suas percepções, seus pontos de vista de forma adequada no momento oportuno. Isso, claro, sem julgar o comportamento do outro.

A primeira ideia é que sempre que alguém ganha, automaticamente, outro perde. Mas nem sempre é assim. Principalmente se você for um vendedor bem preparado, conseguirá obter vantagens ao mesmo tempo em que beneficia o comprador.

O ideal é que, de alguma forma, todos saiam vencedores.

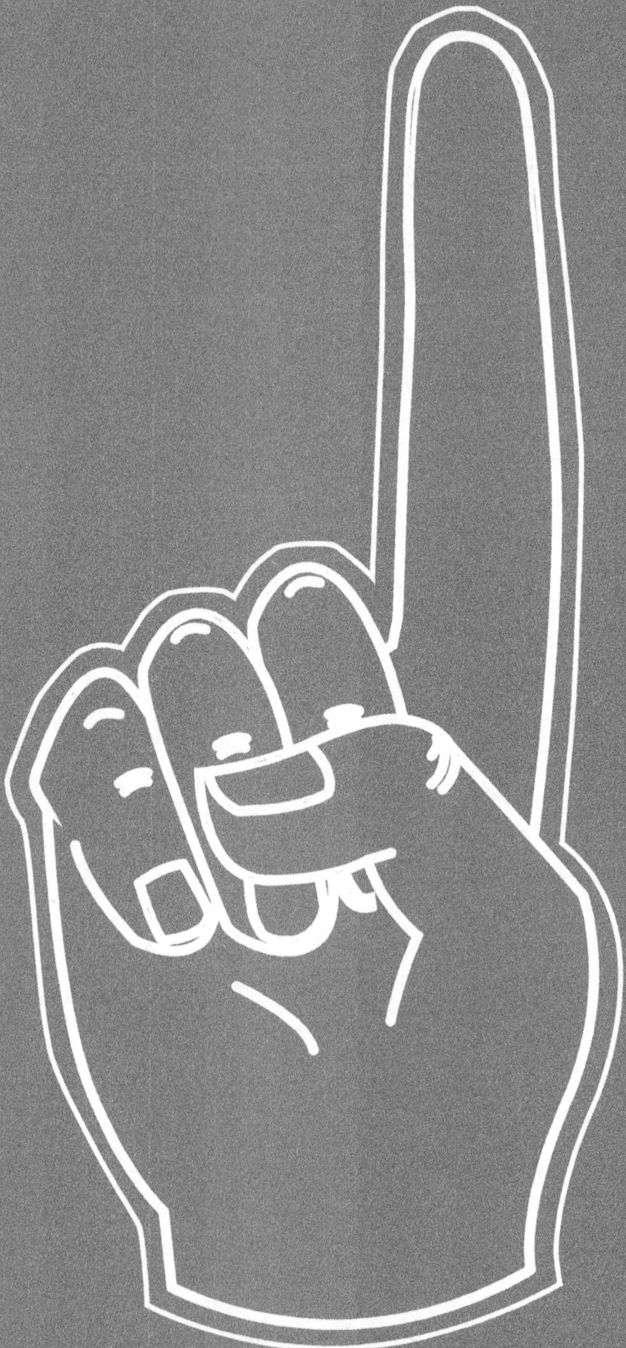

Capítulo 5
Sobre vender

*"Por toda a parte onde se quer vender,
o homem encontra compradores."*

Henri Lacordaire (padre, jornalista e educador)

Desde que o ser humano entendeu que podia trocar alguma coisa – ou habilidade – para obter outras coisas que lhes fossem necessárias, ele se tornou um vendedor. Nos dias atuais, a atividade de vendas ainda é fundamental para que a economia gire, em qualquer lugar do planeta.

Graças às atividades das vendas é que um mercado inteiro de produtos e serviços se sustenta em crescimento, criando milhões de empregos. É só através da atividade de vendas que qualquer vendedor ou empresa consegue obter lucro.

Sem vender, nenhuma empresa pode sobreviver, pois as vendas são o oxigênio de qualquer negócio. Quando existem vendas em abundância toda uma cadeia produtiva acelera em seu desempenho. Vamos avançar um pouco na reflexão sobre o que significa vender?

Valor naquilo que lhe está sendo ofertado

"O que é vender?" Para muitos a resposta pode parecer óbvia: "Vender é oferecer seus produtos e serviços em troca de dinheiro". Bem, isso não está errado. Mas vender não é tão somente isso. Na verdade, pode-se dizer que isso tem a ver com o objetivo final: "Obter lucro a partir de uma troca".

A ideia de que vender seja apenas a troca de produtos e serviços por dinheiro está diretamente ligada com o preconceito contra os vendedores que mencionei num capítulo anterior. O ato de comprar, ou seja, gastar dinheiro com alguma coisa, para o cliente, na maioria das vezes, é uma perda. Psicologicamente, o gasto é um sacrifício que deve ser feito para se obter algo que ainda não se tem.

A decisão de comprar é tomada quando um indivíduo consegue perceber valor naquilo que lhe está sendo ofertado, enxergando que o objeto da oferta irá suprir suas necessidades ou lhe trazer benefícios.

Se o vendedor não consegue criar percepção de valor para o consumidor, este não consegue se "desapegar" do seu suado dinheiro. E geralmente isso acontece quando o vendedor não está pensando no cliente, mas apenas na comissão da sua venda.

A venda ocorre a partir de um processo de comunicação, e depende muito de que aconteça algum nível de simpatia do consumidor com o vendedor. O vendedor precisa ser empático e se colocar no lugar do consumidor para entender a sua cabeça.

Só assim é possível criar...

Percepção de valor

Você sabe a diferença entre preço e valor?

Um amigo me contou uma história sobre quando ele teve uma desidratação no meio de um show de rock que me fez entender essa diferença perfeitamente. Este amigo, que vou chamar de Jonatas, me contou que foi assistir a um show de uma banda de rock nacional bem conhecida. O local do show já estava lotado quando ele e seus amigos chegaram, meia hora antes da apresentação começar.

Antes de ir para o meio da multidão, eles pararam em um bar para tomarem cerveja. Meu amigo pensou em também comprar uma garrafa de água para quando fossem para o meio da multidão, já que ali estava custando R$ 2,00.

Acontece que quando eles decidiram sair do bar, Jonatas se esqueceu de comprar a água. Mas deixou para lá e seguiu com os amigos para o meio da multidão a fim de assistir o tão esperado show de rock. Quando a apresentação começou, eles já estavam bem no meio da multidão. E o local estava tão lotado que eles não conseguiam sair de lá para nenhum lado.

Na agitação toda, a sede bateu forte. Jonatas queria muito tomar uma água, quando passou um vendedor de água. Ele se sentiu aliviado, mas não por muito tempo...

Quando Jonatas abordou o vendedor de água e perguntou o preço, quase caiu para trás: "Uma é R$ 7,00, 3 é R$ 15,00". Jonatas ficou indignado com o preço cobrado e o vendedor foi embora. "Imagine, mais que o dobro do preço no bar!", disse Jonatas para seus amigos.

A sede só aumentava, e para piorar, o calor da multidão o fazia transpirar muito. Jonatas começou a se sentir desidratado. Para comprar a água no bar, ele teria que atravessar uma multidão inteira. Ele precisava urgente da água. E os vendedores ambulantes eram os únicos que podiam fornecer água para ele ali.

Jonatas refletiu melhor e entendeu que aqueles vendedores de água não estavam vendendo a mesma água que ele compraria no bar. Estavam vendendo, na verdade, a satisfação da sua sede num lugar difícil de suportar sem água, e mais, lhe poupando o trabalho de atravessar a multidão até o bar e ainda perder o show.

Quando passou o segundo vendedor de água ao seu lado, Jonatas não pensou duas vezes. Comprou 3 águas por R$ 15,00, duas para beber e a outra para jogar inteirinha na sua cabeça e se refrescar naquele calor infernal com sol a pino.

Isso nos faz entender o princípio da venda que todo bom vendedor deve tatuar na mente: a venda é uma relação humana onde o consumidor troca seu dinheiro por algo que tenha valor para sua vida.

Agora pense como antigamente eram feitas essas trocas, baseadas em percepção de valor, quando não existia o dinheiro...

Já era assim!

Conforme o ser humano foi se organizando em grupos e vivendo de agricultura e cultura de animais, logo desenvolveu técnicas cada vez mais aprimoradas para otimizar as produções. Grupos sociais passaram a produzir muito mais do que consumiam, e começaram a estocar o excedente.

Entretanto, não eram autossuficientes para produzir tudo o que era necessário para sua subsistência. Para não sofrerem com a falta do que não se produzia, e nem com o desperdício do excedente que se havia produzido, foram organizando sistemas de trocas para dividir suas produções.

Não haviam valores ou quantidades estabelecidas como regra, tudo dependia da barganha para se conseguir um bom negócio. Nesse tempo, todas as trocas eram feitas diretamente num comum acordo entre as partes.

Os valores de troca dependiam ainda mais de explorar a percepção de valor, não existia a uma parte "pagante" na negociação. Não existia um objeto que tinha um valor predefinido entre todos para ancorar números na troca. O valor dependia de dois objetos diferentes, para duas pessoas diferentes.

Uma vaca não podia ser trocada por um carregamento de milho. A vaca, que gera benefícios a longo prazo, dando leite, pode se reproduzir para criar o gado que oferece força de trabalho. O carregamento de milho tem sua utilidade com prazo de validade. Porém o gado precisa de mais espaço, além de precisar consumir água e também seu alimento. Manter um gado custa mais recursos.

Por isso fica mais fácil entender o verdadeiro sentido do que é vender se olharmos para raiz etimológica da palavra, que vem de *vendēre*. Esse sentido está ligado à prática de um vendedor elogiar, enaltecer, dar valor à sua mercadoria.

O vendedor tinha como costume primeiro discursar sobre todas as qualidades da sua mercadoria e mostrar o valor dela, e só depois disso ele dava o preço que queria. Ou seja, a barganha era um diálogo onde cada um criava a percepção de valor mais alta possível sobre o seu produto, um para o outro. A barganha, a pechincha, era quase um código moral no mundo da venda rudimentar.

Conforme a história foi passando, e a civilização prosperando, houve um momento que as relações de troca ficaram muito mais complexas. Tanto em questões logísticas, quanto geográficas, e então o comércio enfrentou muitos desafios: a relação entre povos de idiomas diferentes, transporte de mercadorias com muitos atravessadores para regiões cada vez mais distantes, e valores culturais e sociais diferentes.

Era urgente a necessidade de se criar uma maneira de simplificar as relações de troca de valores entre as sociedades. Foi então que surgiu o dinheiro, tornando o ouro e a prata como unidade universal para medir de valor (as primeiras moedas em metal – feitas com ouro, prata ou cobre – surgiram na Europa no século I antes de Cristo, e somente no século XIX foi criado o dinheiro de papel).

Então a venda começou a se relacionar com o dinheiro. Ou seja, a venda é mais velha que o dinheiro. A habilidade de vender é um dos fatores-chaves que fez com que o as sociedades humanas se desenvolvessem, desde os primeiros tempos.

Isso nos leva a refletir que vender não é apenas uma transferência de propriedade de um produto, propriedade ou serviço mediante pagamento em dinheiro. É, na verdade, um processo comunicativo natural do ser humano que influencia as relações de troca, visando ressaltar os benefícios que a sua mercadoria (ou habilidade) pode gerar na vida de outrem, criando assim, uma boa percepção de valor.

E para vender bem, a essência continua sendo a de *vendēre*:

"Você necessariamente precisa gerar valor na vida dos seus clientes".

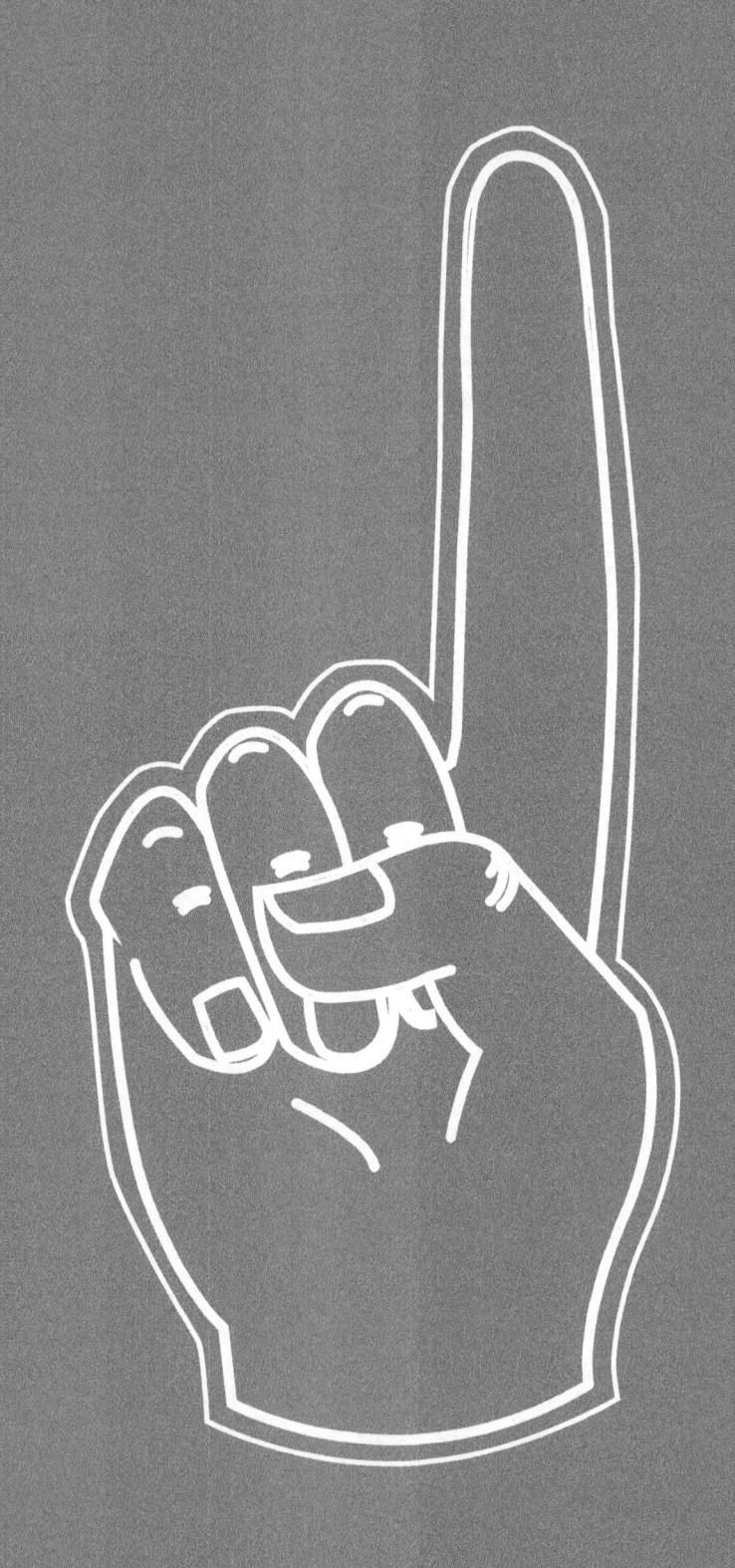

Capítulo 6
Elementos essenciais no processo de vendas

> *"Ainda nenhuma nação se arruinou devido ao comércio."*
>
> – Benjamin Franklin (jornalista, político e cientista americano - um dos líderes da Revolução Americana)

Os elementos essenciais no processo de vendas, como conhecemos hoje, surgiram no contexto de transformação no comércio. Transformação que só foi possível devido a uma combinação de fatores como o liberalismo econômico, a acumulação de capital e uma série de invenções, tais como o motor a vapor.

As vendas se desenvolveram principalmente em países cujo modelo vigente é o capitalismo, sistema econômico baseado na propriedade privada dos meios de produção e operação com fins lucrativos.

O marketing teve (e ainda tem) papel influente no desenvolvimento das vendas, principalmente na época após a Segunda Guerra Mundial, quando então, reagindo ao crescimento da concorrência, mercadólogos começaram a teorizar sobre como atrair e lidar com os consumidores.

Mercado

É no mercado que tudo acontece: alguns procurando a solução em um produto ou serviço, outros oferecendo as soluções, as negociações se realizando ou não, os negócios crescendo ou desaparecendo, enfim, tudo ocorre dentro do mercado.

A origem dos mercados surgiu na Idade Média, especificamente nas feiras medievais, onde uma cadeia de pontos de vendas era disponibilizada aos camponeses.

O mercado, como uma instituição econômica e social, destinava-se a preencher necessidades relativas à circulação de bens. Desde essa época, exercia-se o controle do mercado, praticado pelas corporações de ofício, que aplicavam a administração por meio de barreiras à sua entrada.

Com o passar do tempo, diferentes regras implantadas foram consideradas um contratempo ao desenvolvimento do comércio, e assim, os mercadores criaram um conjunto de normas costumeiras, surgidas das próprias corporações, que passaram a ser aplicadas em negócios.

Somente após a Revolução Industrial (entre 1760 a algum momento entre 1820 e 1840) é que os mercados obtiveram maior visibilidade e a produção em massa passou a exigir a distribuição desses bens.

Num conceito mais moderno, o mercado é designado como um local no qual agentes econômicos procedem à troca de bens por uma unidade monetária (dinheiro), ou ainda, por outros bens.

Os mercados tendem a se equilibrar pela lei da oferta e da procura (demanda). Existem mercados genéricos e especializados onde apenas uma mercadoria é trocada. Os mercados passam a funcionar quando há muitos vendedores interessados que os compradores potenciais os encontrem.

A economia, que depende primariamente das interações entre compradores e vendedores para alocar recursos, é conhecida como economia de mercado.

Negócio

Toda atividade que envolve dinheiro, venda, compra, renda, clientes, independentemente de ser pequeno, médio ou grande porte, se é exercida dentro ou fora de casa, sozinho ou em grupo, num estabelecimento modesto ou num ambiente de luxo, pode ser considerado negócio.

Quando alguém ou empresa coloca produtos ou serviços à venda no mercado, está fazendo uma comercialização. Portanto, negócio é sinônimo de comércio.

A economia define negócio como comércio ou empresa administrada por uma ou mais pessoas na intenção de captar recursos financeiros para gerar bens e serviços. Como resultado, temos a circulação de capital entre diversos setores.

Em síntese, podemos entender negócio como toda e qualquer atividade econômica com o objetivo de gerar lucro. Num sentido etimológico, a palavra negócio deriva do latim, nas palavras "nec" e "otim", que querem dizer "negação do ócio".

Vale ressaltar que negócio não trata apenas de algo financeiro ou comercial, mas de toda a atividade humana que tem efeitos jurídicos. Outra citação importante é sobre o objetivo do negócio. Interpreta-se o termo como "o ato de comprar barato e vender caro", mas não é válido resumi-lo (somente) dessa forma.

Na verdade, é o cliente quem determina o que é negócio. Apenas o cliente, cuja disposição para pagar por um bem ou serviço converte recursos econômicos em riqueza e coisas em bens.

Aquilo que o cliente compra e considera de valor nunca é apenas um produto. Tem uma utilidade. Valor é o que o produto ou serviço faz por ele. Assim, entendemos que o objetivo de um negócio é formar um cliente e gerar valor para o mesmo.

Venda

É o ato de "alienar ou ceder por certo preço; trocar por dinheiro". Na prática é onde os vendedores, com a intenção de obter lucro, interagem com os compradores, que têm interesse em uma maior satisfação. Mas, levando em conta o que acabamos de tratar em negócio, vender é satisfazer clientes com entrega de valor por meio de produtos ou serviços.

As vendas estão divididas em venda ativa, que é a venda feita pelo profissional de vendas, de porta em porta, por exemplo; e a venda passiva, que é a venda realizada pelo trabalho de marketing (o que eu faço hoje na internet).

Muitas vendas são praticamente realizadas por venda passiva, porque muitos produtos têm um bom plano de marketing e possuem uma marca forte consolidada (eu escolhi trabalhar mais dessa forma).

Atualmente, a venda direta atinge dimensões globais. Praticada por diversas formas, de pessoa a pessoa, através de catálogos, canais digitais, presente em todo o mundo e envolvendo os mais diversos setores da economia, de produtos de limpeza a automóveis.

A venda direta se destaca, entre outros fatores, por sua capilaridade de expandir-se. Para as empresas, é um método de distribuição com grande potencial de expansão capaz de agregar valor aos seus produtos e serviços por meio das relações pessoais.

Já a venda indireta exige menos contato de pessoa para pessoa, sendo desenvolvida principalmente por meio de estratégias. A internet eleva o conceito com a automação digital, por exemplo, que faz com que o cliente compre o produto sem ao menos se comunicar com um atendente diretamente, apenas visitando um site, consumindo uma sequência de conteúdo, se cadastrando em uma lista de e-mails e recebendo comunicações e ofertas em páginas on-line.

Cliente

Costumo dizer que o elemento mais importante de uma venda não é o produto, mas o cliente. Claro que cada item um tem sua importância, mas sem o cliente é impossível existir vendas.

Partindo da definição de Juran (1991), o consumidor é qualquer pessoa que seja impactada pelo produto ou serviço. Ou seja, qualquer indivíduo que participe do processo, desde sua concepção até o consumo.

De acordo com jargão popular, "o cliente é rei". Este conceito deve ir além do discurso e método de atração, sendo essencial para criar uma estrutura de produção de serviços compatível com as necessidades identificadas, pois a cortesia não sustentará, por muito tempo, serviços sem qualidade.

O consumidor é a pessoa que recebe os produtos resultantes de um processo no intuito de satisfazer suas necessidades, e de cuja aceitação depende a sobrevivência de quem os fornece.

Para conquistar e manter consumidores, empresas e seus vendedores devem analisar suas necessidades e desejos na intenção de satisfazê-los completamente como clientes. (Vamos aprender mais sobre isso em capítulos posteriores).

Sabendo das características e preferências de seus clientes em potencial, você consegue separar o público-alvo desejado do restante das pessoas. Quando se domina os aspectos relacionados ao cliente, não só fica muito mais fácil escolher as estratégias de marketing apropriadas, como se obtém um retorno maior.

O objetivo é trabalhar não para que o cliente fique satisfeito, mas extremamente satisfeito. Algumas ferramentas de marketing eficientes para isto são:

- Buyer Personas;
- Pesquisas de Opinião;

• Análise de Mercado.

Com o ambiente digital, hoje em dia se tornou muito mais fácil descobrir o que os consumidores estão buscando. As redes sociais, por exemplo, são excelentes canais para analisar o comportamento de clientes em potencial.

Importante destacar que toda venda acontece a partir de dois aspectos relacionados: dor e prazer. Ou seja, o consumidor compra para evitar ou curar uma dor; ou para obter ou aumentar o prazer. A ideia então é identificar qual desses dois aspectos motiva os seus clientes, e, a partir disso, ofertar o seu produto.

Produto

Pode ser qualquer bem ou serviço que tem como finalidade proporcionar algum benefício ou facilidade ao cliente. O marketing define produto como um conjunto de atributos, tangíveis ou intangíveis, constituídos através do processo de produção, para atendimento de necessidades reais ou simbólicas de um indivíduo.

Consideramos como produtos: bens físicos (roupas, livros, etc.); serviços (cortes de cabelo, lavagem de carro, etc.); eventos (concertos, desfiles, etc.); locais (Havaí, Veneza, etc.); organizações (Greenpeace, Exército da Salvação, etc.); ou mesmo ideias (planejamento familiar, direção defensiva, etc.).

De acordo com Kotler e Armstrong (2006), produto é qualquer coisa que possa ser oferecida a um mercado para atenção, aquisição, uso ou consumo, e que possa satisfazer um desejo ou necessidade.

Entendemos que o produto precisa ter o máximo de valor agregado para que seja atraente aos olhos do consumidor. O cliente leva em consideração os benefícios adicionais oferecidos pela empresa, e não apenas os benefícios do produto, em si.

Alguns benefícios oferecidos pela empresa: garantia do produto, presteza na entrega, suporte técnico eficiente, bônus e entrega em domicílio. O consumidor opta pelo produto que considerar como o de maior valor, e para isso, levará em consideração aspectos tangíveis e intangíveis que merecem a atenção dos profissionais de marketing e vendas.

Produto é o primeiro elemento do composto do marketing: produto, preço, ponto de venda e promoção. A publicidade, o preço e a distribuição só podem ser definidos após um estudo do produto e da identificação de seu mercado-alvo. Assim os fatores diretamente relacionados à oferta são estudados.

Vendedor

O vendedor, também conhecido como "profissional de vendas" — e que eu gosto de chamar de homem de vendas — é figura fundamental para a conquista e fidelização do cliente para a empresa, sendo ele quem realiza a prospecção de possíveis compradores e quem vai à procura destes.

Vendedor também estipula prazos e condições de pagamento e fornece desconto nos preços; planeja atividades de vendas e define itinerários; compra, prepara e transporta mercadorias para venda; visita fornecedores, faz levantamento de necessidades e negocia preços e condições.

Este profissional basicamente deve ter o conhecimento em técnicas de vendas, uma boa postura, apresentação adequada à situação e seguir um procedimento de negócios ideal para obter os melhores resultados.

O vendedor externo é um profissional da área de vendas que tem como função efetuar vendas indo até os clientes, diferente do interno, que atende em um ponto fixo. Esse tipo não está sujeito a uma carga horária específica, podendo ele mesmo definir qual o horário e os dias que deseja atuar. Esta foi uma das vantagens que mais me fascinaram no meu início na profissão.

O planejamento da estratégia de vendas (marketing) é muito importante para o sucesso do vendedor, pois as pesquisas nessa área permitem colher dados consistentes sobre o público-alvo e suas preferências, sendo possível também estabelecer diretrizes de vendas.

Quanto mais conhecimento e prática o vendedor tiver, mais habilidade ele terá para conquistar clientes e bater suas metas. Entre os estudos inerentes à prática do vendedor, além do marketing, posso citar: Comunicação Escrita e Falada; PNL – Programação Neurolinguística; Persuasão; Copywriting (A Arte de Escrever para Vender); Storytelling (A Arte de Contar Histórias), etc.

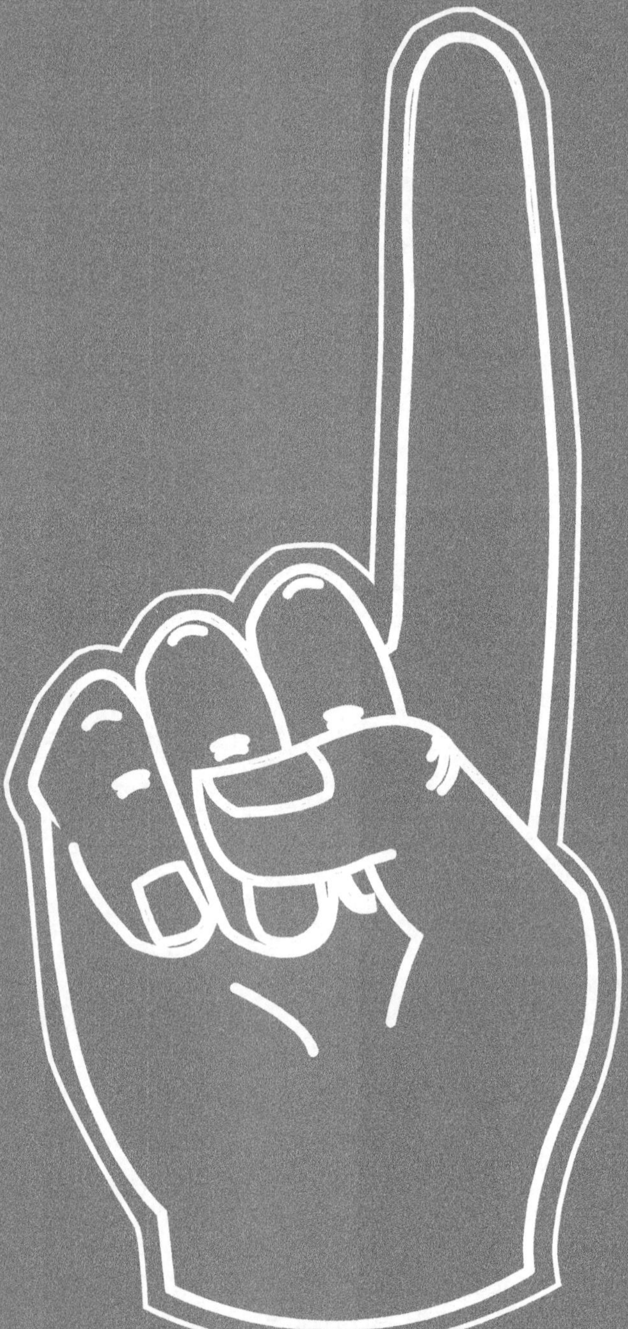

Capítulo 7

Os diferentes tipos de vendas

"Tente a sua sorte! A vida é feita de oportunidades. O homem que vai mais longe é quase sempre aquele que tem coragem de arriscar."

Dale Carnegie (escritor e orador norte-americano)

No mercado comercial contemporâneo, podemos destacar principais tipos de vendas. Neste capítulo, vou mostrar a você os diferentes modelos de vendas que se desenvolveram onde o comércio prosperou, e onde as demandas de produtos e serviços foram atendidas pela livre-iniciativa de comerciantes de diferentes tipos.

Vamos começar pelo mais popular de todos eles...

Venda direta

A venda direta é uma das maneiras mais antigas e populares de se fazer comércio e obter lucro. Esse modelo consiste em comercializar bens de consumo e serviços a partir do contato direto entre um vendedor e um comprador, sem estar num estabelecimento comercial. A venda direta é sempre uma ótima alternativa, tanto para uma empresa quanto para um profissional independente.

O vendedor precisa ter um produto para ofertar, seja produzido por ele mesmo ou por outra empresa (nesse caso, é uma revenda). Com uma boa oferta, ele deverá apresentá-las para potenciais clientes, abordando-os diretamente, até mesmo pessoalmente.

A venda direta é muito boa para os pequenos produtores e revendedores. É um tipo de trabalho acessível a qualquer um, que não exige nenhum tipo de formação acadêmica. Por ser um trabalho independente, na maioria das vezes, o vendedor pode executar seu trabalho em horários flexíveis, ficando mais livre para ditar seus próprios horários.

Para empresas produtoras de bens de consumo, e até prestadoras de serviços, abrir suas ofertas para revendedores independentes trabalharem com venda direta é uma estratégia que alcança abrangente escala geográfica e capilaridade no mercado consumidor.

Muitos consumidores gostam bastante de comprar através vendedores diretos porque, dessa forma, têm um atendimento mais personalizado que não teriam indo a uma loja.

O mercado de venda direta é bastante expressivo aqui no Brasil. Segundo os dados da ABEVD (Associação Brasileira de Empresas de Vendas Diretas), em 2016 o setor representou 8% do PIB da indústria da transformação. Em 2017, fechou o faturamento total em R$ 45,2 bilhões.

Atualmente (2018), o Brasil ocupa o 6º maior mercado de venda direta no mundo. E o mercado que mais se destaca com as vendas diretas são os de produtos de beleza. Os revendedores independentes foram responsáveis por 26% do total de vendas desse nicho de mercado, em 2017.

Existem várias estratégias para atuar com vendas diretas, mas existem 3 que são as mais consagradas:

1. Venda de porta em porta

É quando o vendedor ou representante comercial prospecta possíveis vendas indo até o domicílio ou local de trabalho do consumidor. Esse é um método bastante popular e requer poucos recursos para começar. Indicado para qualquer pessoa que quer começar a trabalhar por conta própria de uma forma rápida.

Com a venda direta, o empreendedor iniciante pode aproveitar a disponibilidade do fornecimento de mercadorias ou serviços que uma empresa oferece, atuando como um revendedor. O revendedor ou representante comercial lucra ou pelo sobrepreço colocado no produto, ou por comissão proporcional ao valor da venda.

Muitos empresários que hoje desfrutam do sucesso financeiro começaram suas carreiras como vendedor de porta em porta. É o caso do Chris Gardner, que hoje é investidor na bolsa, palestrante, escritor, filantropo e fundador da empresa Gardner Rich & Co. Se você quer conhecer a história do Chris Gardner, pode assistir (se é que você já não assistiu) ao filme "À Procura da Felicidade" que conta a sua trajetória.

Outro personagem que praticava a venda de porta em porta é Bill Porter, americano que nasceu com paralisia cerebral e na fase adulta se tornou um vendedor de extremo resultado, representando a Watkins Incorporated.

2. Party Plan

Esse é um formato de venda direta em que o vendedor organiza um encontro na casa de um (a) consumidor (a) com os amigos dele (a). São as famosas reuniões caseiras. Pode ser um pequeno encontro para tomar um chá ou um café, que uma anfitriã promove para suas convidadas, e um vendedor apresenta os seus produtos.

Essa foi uma metodologia muita bem explorada pela empresa *Tupperware*. Um revendedor da marca promovia eventos de apresentação dos produtos na casa de uma anfitriã, a qual recebia comissões pelas vendas realizadas na reunião.

Segundo o pesquisador e escritor Robert B. Cialdini, em seu livro "As Armas da Persuasão", essa estratégia explora um princípio psicológico da afeição dos consumidores pela anfitriã. As convidadas – que provavelmente têm laços afetivos com a anfitriã – em uma reunião com alguns "comes e bebes", se sentem compelidas a comprar os produtos como forma de agradecimento pelo convite.

Em seu auge, a *Tupperware* chegou a vender U$ 2,5 milhões por dia apenas com essa estratégia. Chegaram até mesmo a suspender as vendas em lojas para focarem totalmente em reuniões caseiras.

3. Venda por catálogo

Nessa modalidade o revendedor de uma determinada marca deixa nas mãos do consumidor um catálogo com os todos os produtos disponíveis. O consumidor vê o catálogo e faz uma lista dos produtos que quer comprar, e faz uma encomenda com o revendedor.

O revendedor retira o pedido com o cliente e recolhe o catálogo, para poder divulgá-lo para outro consumidor. Assim que os produtos do pedido do cliente chegam, o revendedor faz a entrega da mercadoria e recebe o pagamento do cliente.

De acordo com a National Mail Order Association (NMOA.org), acredita-se que Benjamin Franklin foi o primeiro criador de catálogos nos Estados Unidos. Em 1744, ele criou o conceito básico de correspondência quando elaborou o primeiro catálogo, no qual vendia livros científicos e acadêmicos.

Três características importantes e diferenciadas se destacam no conceito de venda de catálogos:

1. Constitui uma alternativa aos métodos tradicionais de venda, ao canal de distribuição de atacadistas e varejistas.
2. Utilizam-se meios como: telefone, internet, correio ou visitas pessoais para aquisição do cliente, promoção e o envio dos produtos.
3. O cliente faz a compra tendo visto anteriormente os produtos, encomendando-os através do catálogo da empresa.

Venda Indireta

Esse outro tipo de venda envolve agentes maiores em seu processo. Ocorre quando uma empresa usa o serviço de outra para ofertar seus produtos para o consumidor. Nesse caso, a distribuição das mercadorias acontece por um intermediário entre o produtor e o consumidor.

Um grande exemplo disso é um supermercado: é uma empresa que atrai consumidores para o seu estabelecimento, e nele são vendidos produtos de vários fabricantes diferentes.

A venda indireta pode acontecer de duas maneiras:

1. Venda indireta no atacado
É mais voltada para lojistas e prestadores de serviços, como por exemplo, restaurantes. Os preços na venda por atacado são consideravelmente mais baixos, pois as mercadorias ainda não foram passadas ao consumidor final, e são compradas em quantidades muito maiores.

2. Venda indireta no varejo
É a venda que acontece para o público em geral, a partir de postos de distribuição das mercadorias para o consumidor final. Nesse caso, o consumidor vai até uma loja ou um supermercado, e compra o produto que está buscando. Os preços são mais altos que no atacado, pois os consumidores compra quantidade menores de cada item.

Vendas corporativas

Esse tipo de vendas diz respeito a um mercado mais complexo e pouco acessível. Essas vendas são bastante competitivas, pois geralmente envolvem muito mais que duas pessoas na negociação.

São várias pessoas e grupos envolvidos num único processo de vendas. Por isso que, para se atuar nesse mercado, é necessário bastante conhecimento técnico do mercado financeiro e de trâmites legais e aspectos empresariais.

Venda consultiva

Através desse modelo de venda, o vendedor atua como um consultor especialista no assunto relacionado com o determinado produto ou serviço que quer vender.

O vendedor consultor adota um papel diferente, funcionando com uma postura mais de conselheiro com a intenção de fazer o cliente se sentir seguro e confiante para tomar uma decisão de compra (leia mais sobre isso no capítulo 13).

Venda Consignada

Nesse método de venda, um empreendedor ou produtor cede a sua mercadoria a outro canal de venda (seja outro vendedor ou uma loja) para que seja vendida. Conforme o vendedor (ou a loja) efetua as vendas das mercadorias, parte do valor da venda é retida como comissão e o restante retorna ao fornecedor do produto.

Nesse caso, a empresa ou vendedor que aceita vender por consignação se responsabiliza pela mercadoria consignada, com a condição de devolvê-la se não for vendida.

Adotar um desses tipos vendas e dominá-lo fará toda diferença em sua prática como vendedor. Caso esteja trabalhando para uma empresa, procure identificar qual modelo é o praticado.

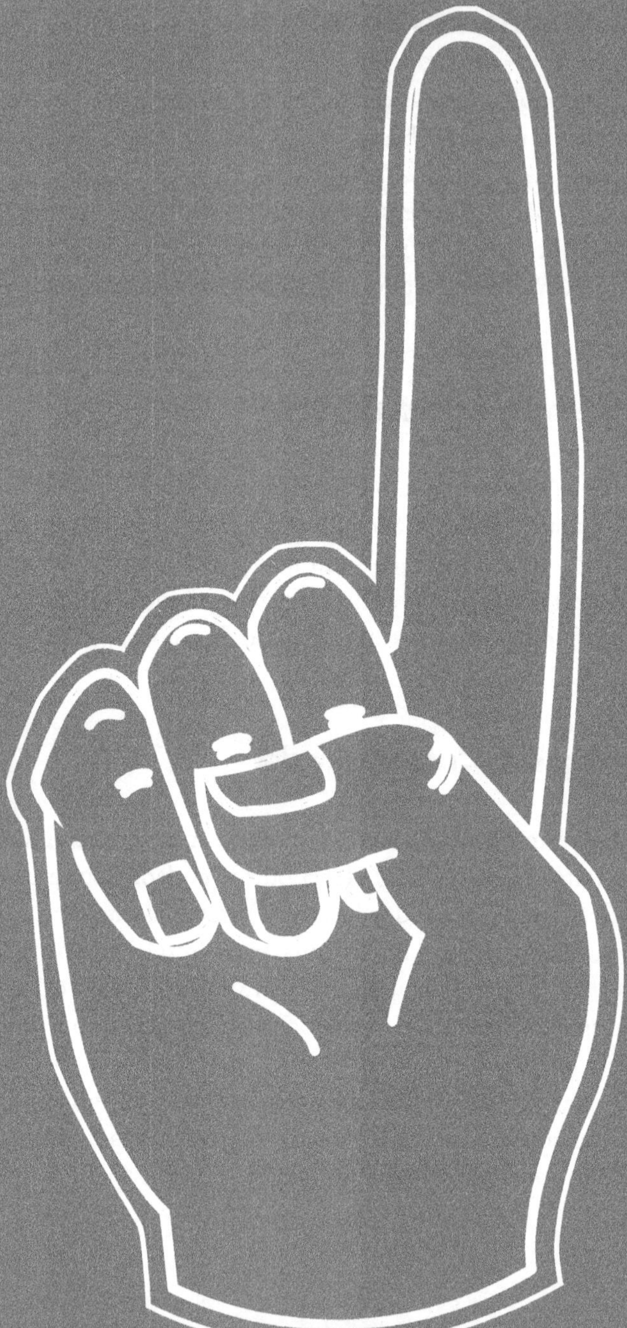

Capítulo 8

Produtos para vender de porta em porta

> "A verdadeira origem da descoberta consiste não em procurar novas paisagens, mas em ter novos olhos."
>
> — (Marcel Proust, escritor francês)

Trabalhar como vendedor de porta em porta é um dos meios mais comuns de vender, e nem por isso deixa de ser rentável. Existem vários casos de sucesso de pessoas que conseguiram transformar essa atividade em um negócio lucrativo.

O que você precisa inicialmente para atuar como vendedor direto é encontrar um segmento/produto que tenha boas possibilidades de venda. Depois, deve atrair e conquistar uma clientela fiel, focando sempre na qualidade da venda para alçar vôos mais altos.

Reservei neste capítulo uma pequena lista de produtos para vender de porta em porta que costumam gerar bons resultados na maioria dos lugares.

Roupas

A venda de roupas de porta em porta é uma das opções mais comuns nesse meio. Mas se você inovar e trabalhar com produtos diferenciados, poderá obter resultados incríveis e se destacar em meio a tantos outros vendedores.

As roupas importadas, por exemplo, são peças que estão em alta nesse momento e pode haver pessoas em sua cidade que se interessam por elas.

Se você conseguir boas vendas, poderá conquistar uma clientela fiel que voltará a comprar com frequência. Lembre-se: roupa é um bem de necessidade básica e precisa ser comprada relativamente com frequência.

Existem cursos que ensinam a importar roupas de marca originais direto dos fornecedores oficiais dos Estados Unidos e outros países com uma boa margem de lucro (às vezes, chega a 300% de margem).

Além de roupas de marcas famosas, é possível vender celulares, eletrônicos, perfumes, suplementos alimentares, peças de carros, bonés, maquiagens em geral, etc.

Acessórios femininos

Os acessórios femininos também costumam ter bons níveis de vendas, no entanto que diversas pessoas conseguem conquistar uma fonte de renda graças ao trabalho com itens do tipo.

Dentre os principais itens, estão: sandálias, sapatilhas, bolsas, bijuterias e vários outros produtos que atendam às necessidades das mulheres.

De acordo com dados divulgados no Blog Google Varejo, estima-se que 58% dos e-consumidores de moda sejam mulheres e 63% tenham entre 25 e 44 anos. Roupa é o item da categoria vendido com mais frequência (73%), seguido por calçados (67%), acessórios (63%) e bolsas (50%).

Um conselho é que você compre as peças para revender em vez de trabalhar por consignação. Por mais que no início seja necessário investir certa quantia na compra dos itens, é mais viável e vantajoso, já que a margem de lucro costuma ser maior.

Utensílios domésticos

Panelas, jogos de copos, vasilhas, faqueiros, acessórios para a cozinha, quadros decorativos e dezenas de outros produtos podem ser vendidos de porta em porta com uma boa margem de lucro.

Essa é uma atividade muito comum, principalmente nas cidades do interior, onde os vendedores compram seus produtos em grandes atacados e saem vendendo de porta em porta em lugares mais distantes.

Se você se interessa por esse modelo, fique sabendo que com uma boa pesquisa é possível encontrar fornecedores para lojas de utensílios e firmar boas parcerias de negócios, até mesmo pela internet.

Sem contar que esse é um mercado que apresenta novidades constantemente e que as pessoas sempre irão necessitar. Sem falar também que o lucro dos produtos pode ultrapassar os 100% em cada venda.

Cosméticos

O Brasil ocupa a 3ª posição no ranking mundial no consumo de cosméticos, de acordo com a empresa Euromonitor International. A cada ano, o país se aproxima dos Estados Unidos e Japão, que são os atuais líderes mundiais.

Esse é um mercado crescente que tem se favorecido da cultura da beleza, do envelhecimento da população e do aumento do poder de compra da classe C no país.

A nível global, o mercado cresce cerca de 4,3% ao ano e deve chegar a US$ 428,9 bilhões até 2022.

Está aí outra opção para você que busca ideias de produtos para vender de porta em porta. Perfumes, maquiagem, produtos para pele, entre outros itens, podem entrar no seu catálogo de vendedor.

Brigadeiro

No ramo alimentício, o brigadeiro encabeça a lista. Vender um doce tradicional do nosso país pode influenciar fortemente na hora do consumidor escolher onde vai investir o dinheiro dele.

Após um fenômeno nacional no setor de empreendedorismo, a busca por diferenciais levou à criação da categoria gourmet do brigadeiro. Hoje já existem várias versões do doce, e como os consumidores adoram experimentar cada uma delas, você poderá ter êxito vendendo essa iguaria.

Esta delícia deixou de ser um item presente apenas em festas ou somente algo caseiro para agradar crianças. Atualmente, o brigadeiro se tornou um dos produtos preferidos da população, com presença diária na rotina de muitas pessoas e, também, uma importante fonte de renda para aqueles que decidiram começar a ganhar dinheiro vendendo.

Serviços de porta em porta

Você também pode se dedicar a vender serviços de porta em porta, já que o setor é bastante amplo.

Há vendedores que atuam com venda de prestação de serviços exclusivamente pela internet. Também há consultores de vendas presenciais nas mais diversas áreas, muitos deles tocando negócios sozinhos e empreendendo.

Não existe uma receita única que garanta o êxito na estratégia de vendas para todos os perfis de prestadores de serviços. Ou seja, você precisa construir a sua "receita". Mas o que vamos tratar nos próximos capítulos o ajudará a alcançar êxito nesse modelo de vendas.

Vamos agora conferir algumas ideias de vendas de serviços que podem ser úteis a você:

Serviço de publicidade de propaganda

Você pode se tornar agente de publicidade de alguma empresa que oferece serviços de propaganda e divulgação (era isso que eu fazia no jornal, na rádio e na revista).

Nas vendas de publicidade, é necessário convencer os clientes os benefícios de adquirir o serviço. Não é todo empresário ou comerciante que está disposto a investir em meios publicitários.

Existem diversas formas de publicidade. Na publicidade *off-line*, por exemplo, você pode considerar a venda de *folders*, *flyers*, *banners*, *outdoors*, anúncios em periódicos impressos e assim por diante.

Uma ideia é fechar parceria com alguma agência de publicidade da sua cidade e negociar comissões de acordo com as vendas que você fizer.

Seguros de vida e outros tipos

A venda de seguros é uma atividade muito importante para ajudar as pessoas a se protegerem de adversidades e momentos difíceis.

Você pode optar por vender seguro de vida, seguro automotivo, seguro imobiliário, seguro contra riscos financeiros, seguro contra riscos especiais, entre outros.

Há inúmeros *players* no mercado, além dos corretores, que se dedicam à venda de seguros. Para se firmar diante dos concorrentes nesse setor, você precisa mostrar seu valor para o consumidor, e isso só é possível através do bom atendimento e do oferecimento de produtos ideais.

Corretagem de imóveis

O corretor de imóveis é um profissional indispensável na hora de vender ou comprar uma propriedade. Sempre que alguém precisa comprar uma casa ou um apartamento, acaba se deparando com a figura do corretor.

Para quem está vendendo, o corretor é peça-chave em vários detalhes do processo: avaliação da propriedade, laudo com o valor e disponibilidade para mostrar o imóvel a qualquer hora para os interessados, etc.

O que mais fascina na atividade é a possibilidade de ganhos. Alguns corretores chegam a ficar ricos só com as comissões das vendas que fazem. Essa pode ser uma ótima atividade para quem deseja ser um homem de vendas.

Serviços específicos

Podemos citar alguns exemplos, como instalação de sistema de segurança, instalação de internet, serviços de TV à cabo, serviços de planos de telefonia, etc.

Apesar de parecer semelhante, a venda de serviços se diferencia em alguns aspectos da venda de produtos, já que você está oferecendo algo impalpável e imaterial. Logo, você precisa adotar boas estratégias para que as ofertas atinjam o público-alvo de forma efetiva.

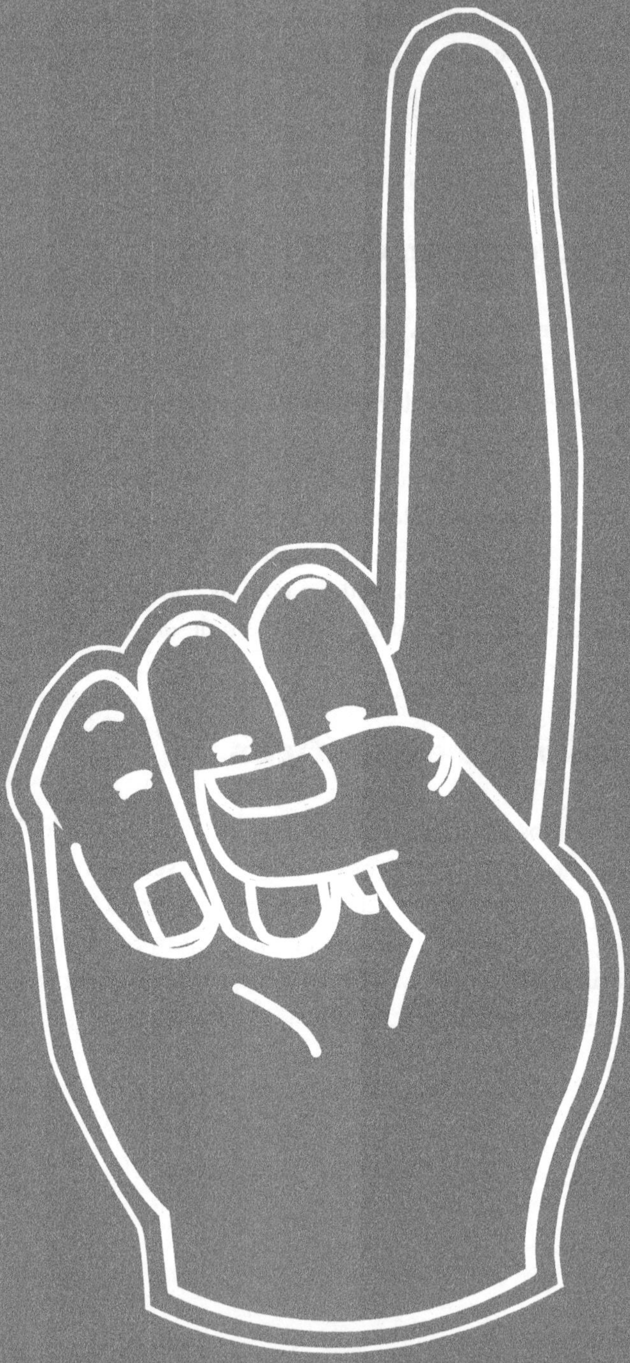

Capítulo 9

Como conquistar clientes

"Os clientes compram pelas razões deles, não pelas suas."

— Orvel Ray Wilson (palestrante internacional, treinador e autor best-seller)

Feliz é o vendedor que aprende a construir relacionamentos com os clientes. Sempre fui entusiasta quanto a manter um bom relacionamento com a clientela, e isso me ajuda muito até hoje.

Mais do que atrair um grande número de pessoas, seu foco deve ser conquistar clientes com qualidade. Quanto melhor for a conquista, mais chances de fidelizar você tem. E quanto mais fiéis forem seus clientes, mais lucrativos se tornam.

Confira nas próximas linhas algumas dicas para você vender mais com excelência e fazer crescer sua carteira de clientes!

Abordagem certeira

Há algum tempo, recebi uma abordagem de vendas no Facebook de um jovem *designer*. Ele me fez uma proposta de renovação do *layout* do meu canal no YouTube. A forma como me abordou, me atraiu pelo seguinte:

- Conseguiu chamar minha atenção rapidamente;
- Tocou num ponto de necessidade minha;

- Foi simples e direto e já chegou algumas ideias prontas alinhadas com o meu posicionamento na web (teve proatividade).

Não sou alguém que costuma ser atraído por qualquer comunicação e muito menos sou de comprar fácil, justamente por conhecer algumas técnicas de marketing e vendas. Mas ele conseguiu me fazer "abrir a guarda".

Como atualizar o meu canal no YouTube não era a prioridade no momento, acabei não fechando negócio com ele, mas não descartei a possibilidade de fazermos o trabalho no futuro.

Passados alguns dias, ele me enviou um e-mail falando não mais do canal, mas do meu *site* oficial. Mostrou-me pontos de melhoria relacionados à conversão (termo relacionado a fazer um contato ou venda online).

O *site* já convertia, foi planejado para isso, mas o que ele apontou fez total sentido e percebi que as mudanças propostas por ele poderiam impulsionar os meus resultados.

Fiquei com "raiva" do garoto por ele conseguir despertar em mim a vontade de comprar novamente. Disse a ele: — Sua oferta foi irresistível!

Decidi fazer uma contraproposta e incluir tudo, as mudanças no site, no canal e mais algumas coisas. Agora sim fechamos negócio.

Esse nerd, além de ousado, me estudou como consumidor, descobriu minha dor e fez uma oferta de acordo com a minha necessidade.

Sem contar que foi persistente, não desistindo depois do primeiro não. Essa é uma bela forma de conquistar clientes e você pode se inspirar nessa pequena história para fazer o mesmo.

Para conseguir fechar mais vendas, você basicamente deve oferecer exatamente o que seu cliente em potencial necessita. Você deve ser percebido como um parceiro que pode ajudar a solucionar os problemas dele. Essa é a primeira dica do capítulo.

Prepare-se adequadamente

Esta outra dica refere-se tanto à venda propriamente dita, quanto à pesquisa e entendimento do mercado.

O vendedor ou empreendedor precisa definir um perfil ideal de empresa ou pessoa física (no marketing chamamos isso de Buyer Persona — a simulação do cliente ideal, o tipo de cliente que deve ser procurado).

Quanto ao preparo:

1. Entre no site da pessoa ou da empresa que vai visitar e procure no Google o máximo de informações que encontrar sobre ela.
2. Acesse todas as mídias sociais da pessoa ou da empresa para entender melhor o seu perfil.
3. Converse com sua rede de contatos profissionais e faça um networking para descobrir mais sobre o possível cliente.
4. Consiga mais informações com outros colegas vendedores, diretores e gerentes de outras áreas, etc.
5. Enfim, vá para a reunião com o cliente preparado, munido com as melhores informações possíveis.

Entenda o problema do cliente-alvo

Quando você estiver falando com o cliente e ele expuser o que o incomoda, tente entender porque isso está ocorrendo fazendo essas perguntas em sua cabeça.

Assim você estará mais apto a direcionar o raciocínio do cliente até a solução do problema dele. Lembre-se: tudo que o cliente quer é que você resolva os problemas dele.

Os clientes modernos sabem que podem exigir serviços excelentes e que, se suas necessidades não forem atendidas, nada os impede de mudar para a concorrência.

Agora, mais do que nunca, as empresas e vendedores precisam se destacar nos serviços que oferecem para atender às necessidades dos clientes e gerar altos níveis de relacionamento com eles.

Ofereça a solução ideal

Nunca "force" uma venda, sempre "puxe" a solução do cliente. É muito importante que seu cliente perceba que você não está ali somente para vender, mas para ajudá-lo a resolver o seu problema.

Se o cliente depositar a confiança, percebendo que você age como um consultor e não apenas como um tirador de pedidos, metade do caminho para o fechamento da venda estará traçado.

Entregar a solução é olhar para o cliente, é entender suas necessidades e desejos e propor uma "cura" para a sua "dor". E isso significa que você deve estar qualificado para, além de entender do produto, entender o cliente.

Negocie de forma consultiva

Depois que você descobriu exatamente o que o cliente necessita e fez a proposta ideal, é hora de negociar. O segredo, nessa fase, é ouvir mais do que falar. Não caia no erro de falar demais. Vendedores inteligentes sabem ouvir e aprender a falar na hora certa.

Procure entender o que o cliente valoriza em sua solução e propor um acordo que seja benéfico para os dois lados. A venda ideal é feita por meio de consenso. Daí surge o que eu chamo de relação ganha-ganha.

Observação: Antes de iniciar a negociação, tenha em mente os tetos mínimos de preços, prazos, entrega do que for acertado, entre outros aspectos. Nunca desça abaixo deste patamar, pois não vale a pena fazer uma venda que não traga lucratividade para você ou para sua empresa.

Feche a venda

Assim que vocês chegarem num acordo, é hora de formalizar tudo.

Na maioria das vezes é muito difícil assinar um contrato ou uma proposta naquele exato momento, mas é preciso fazer um resumo verbal de tudo que foi acertado, sempre olhando nos olhos do cliente para gerar confiança e evitar desistências.

Trate de anotar cada detalhe e, assim que chegar na empresa, envie um e-mail para o cliente com a pauta da reunião e tudo que combinaram. Esse é um detalhe que pode ajudá-lo a fechar negócios com mais eficiência.

Enfim, esse é um passo a passo simples que pode lhe ajudar a conquistar clientes. O seu objetivo é entender as necessidades e conquistar a confiança do consumidor.

A arte de conquistar clientes necessita de paciência, pois geralmente o cliente tende a ser resistente, mas o trabalho do vendedor é quebrar objeções e acertar na entrega de soluções.

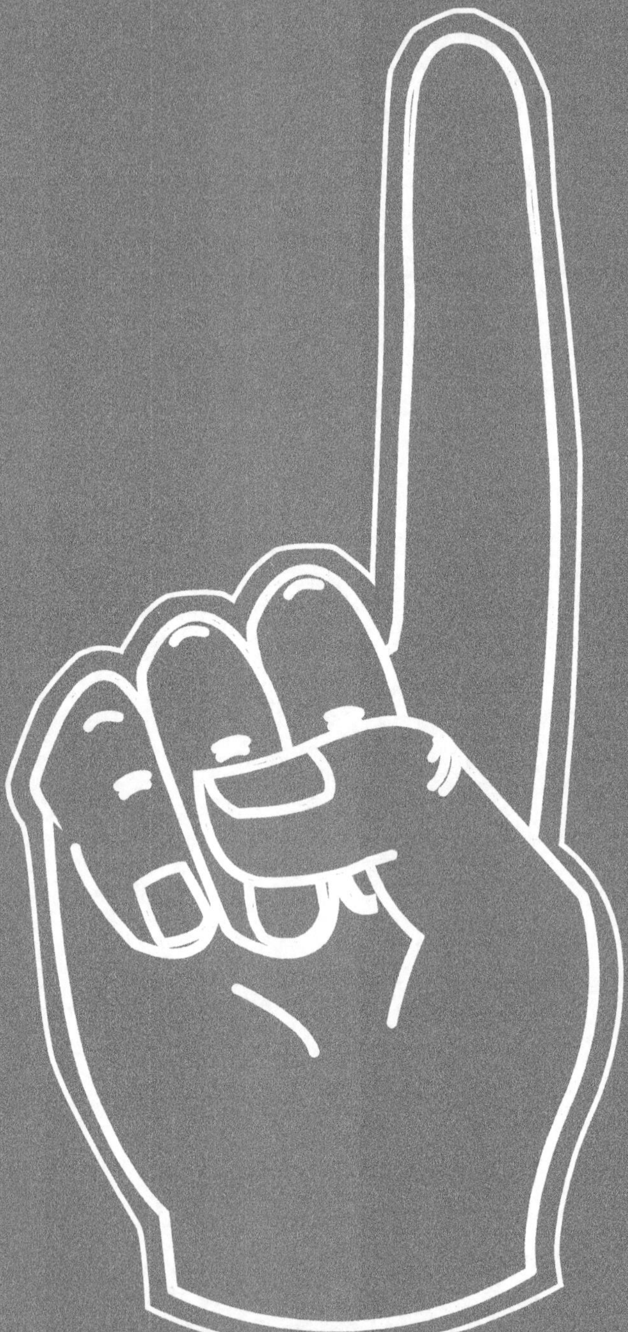

Capítulo 10
Como fidelizar clientes

"Se você criar um caso de amor com seus clientes, eles próprios farão sua publicidade."

— Philip Kotler (consultor, professor e pensador de negócios – Considerado o pai do marketing moderno)

Podemos entender fidelização de clientes como um conjunto de ações que são executadas pelas empresas e/ou profissionais de vendas para com seus consumidores, com o objetivo de fazer com que estes continuem, com frequência, comprando, e assim, resistam às ofertas da concorrência.

Fidelizar é tornar o seu produto, serviço e atendimento tão especiais, que quando o seu cliente precisar de você novamente, não pensará duas vezes em escolher outra marca. Portanto, é totalmente importante pensar em estratégias de fidelização para a retenção de clientes.

Fidelizar é importantíssimo para seu crescimento em vendas, pois, através disso, seus clientes se tornarão mais propensos a utilizar seus produtos e serviços, inclusive, sem pensar tanto no preço.

Eles estarão dispostos a pagar, não só pela qualidade empregada, mas também pelo fato de terem tido uma ótima experiência de pós-venda e, por consequência, de fidelização.

Um programa de fidelização pode ser elaborado com objetivo de influenciar os clientes-base, ou os clientes que efetuam uma primeira compra. Os objetivos de um programa assim podem ser:

- Aumentar a taxa de retenção;
- Aumentar a porcentagem de participação no cliente;
- Melhorar o número médio de clientes novos;
- Aumentar o valor médio da compra;
- Incentivar frequência do ato da compra;
- Tornar os clientes atuais cinco a sete vezes mais rentáveis que os novos.

Numa época em que não se "espera" que os consumidores sejam fiéis, conseguir manter a fidelização vale ouro. Confira mais algumas dicas para fidelizar seus clientes!

Entregue mais do que prometeu

Uma das maiores estratégias usadas para fidelizar clientes é entregar mais do que se prometeu. Essa é, inclusive, uma das leis que precede o sucesso, como bem explica Napoleon Hill, no livro "A Lei do Triunfo".

Ele diz que depois de tratar seus clientes de forma completamente diferenciada, eles estarão mais propensos a se manterem satisfeitos, comprando seus produtos ou contratando seus serviços, e o melhor, dispostos a promoverem sua empresa para outras pessoas.

Se você quer se destacar como vendedor, precisa criar o saudável hábito de "andar a milha extra". Sempre faça mais do que lhe pedem, sempre faça mais do que é obrigado a fazer, sempre entregue mais do que vendeu. Do contrário, você será apenas um profissional mediano, igual a tantos outros.

Capriche na pós-venda

Uma de suas principais estratégias deve ser ouvir o cliente. Destaquei isso no capítulo anterior, mas vale a pena reforçar para ser aplicado no pós-venda. Procure saber se o seu cliente está tendo alguma dificuldade na aplicação, se tem alguma dúvida, enfim, procure ser atencioso com ele, sempre almejando levá-lo aos resultados com o produto.

Não faça isso apenas por hábito, de uma forma corriqueira. Realmente procure se importar com ele, com o negócio dele, com seus objetivos. Disponha-se a ajudá-lo com o que for preciso. A ideia é que ele fique não apenas satisfeito, mas extremamente feliz com a escolha que fez.

Uma forma simples de encantar o cliente na pós-venda é mandando uma mensagem atenciosa. Apesar de um gesto simples, transmite uma atitude diferente, ousada, que estreita ainda mais a relação da empresa com o consumidor. Geralmente ele não está esperando algo do tipo e tende a se surpreender com o ato. A partir dessa boa prática, sua empresa pode se tornar a preferida.

Estreite a relação através de uma comunidade

É importante dar a atenção devida ao cliente. Se ele optou pelo seu produto, e não pelo da concorrência, ou seja, te escolheu entre tantos, você precisa recompensá-lo de alguma forma. O mínimo que você pode fazer, além de entregar um bom produto ou serviço, é se importar com o que ele pensa e sente, mostrar que está comprometido com os resultados dele.

Algumas empresas, por exemplo, oferecem suporte integral a seus clientes através dos canais disponíveis. Assim, é despertado o senso de pertencimento. Você pode estar frequentemente trabalhando para sanar as dúvidas, entender as observações ou as objeções para que o comprador fique 100% satisfeito.

Empresas como a Apple e Starbucks sabem bem como fazer isso, e é por essa razão que elas têm uma legião de fãs pelo mundo. O resultado de um trabalho de fidelização é muito maior do que parece. A verdade é que um cliente satisfeito se reflete nas vendas, no faturamento e na sobrevivência da empresa.

Identifique os clientes mais valiosos

É muito importante manter um banco de dados atualizado com relação aos clientes, pois é ele que fornecerá as informações dos que mais merecem um investimento para concretizar a sua fidelização.

Se do total dos clientes 20% forem responsáveis por 70% a 80% do faturamento total da sua empresa, é neles que deve focar os esforços.

Você pode, por exemplo, usar as mídias sociais e o marketing de conteúdo (ensino isso no meu site: www.paulomaccedo.com) para personalizar ao máximo a experiência do cliente junto à sua empresa.

Seguindo esse princípio, você estará praticando o marketing de relacionamento dirigido, que como o próprio nome diz, é uma estratégia de relacionamento focada nos clientes mais importantes para a geração de vendas para a empresa.

Conheça bem o seu consumidor

Todo o trabalho de fidelizar clientes só será conseguido se a empresa conhecer bem o consumidor. Só assim é possível atendê-lo de forma personalizada e ir além da venda convencional.

Aliás, fazendo isso você tem grandes chances de extrapolar expectativas e chegar onde nem ele mesmo tinha percebido que sua empresa chegaria, e resolvendo problemas que ele nem sabia que tinha.

Os vendedores que são capazes de fidelizar os seus clientes ganham muito com isso. Um cliente fiel é um propagador e um termômetro da sua marca. Um cliente fidelizado carrega o nome da empresa, promove o marketing ao indicar a companhia para seus conhecidos.

Além disso, sua frequência de compra e satisfação servem para medir o índice de sucesso das ações da empresa. Por tais razões, fidelizar o maior número de clientes deve ser a meta dos empreendedores interessados em crescer no mercado.

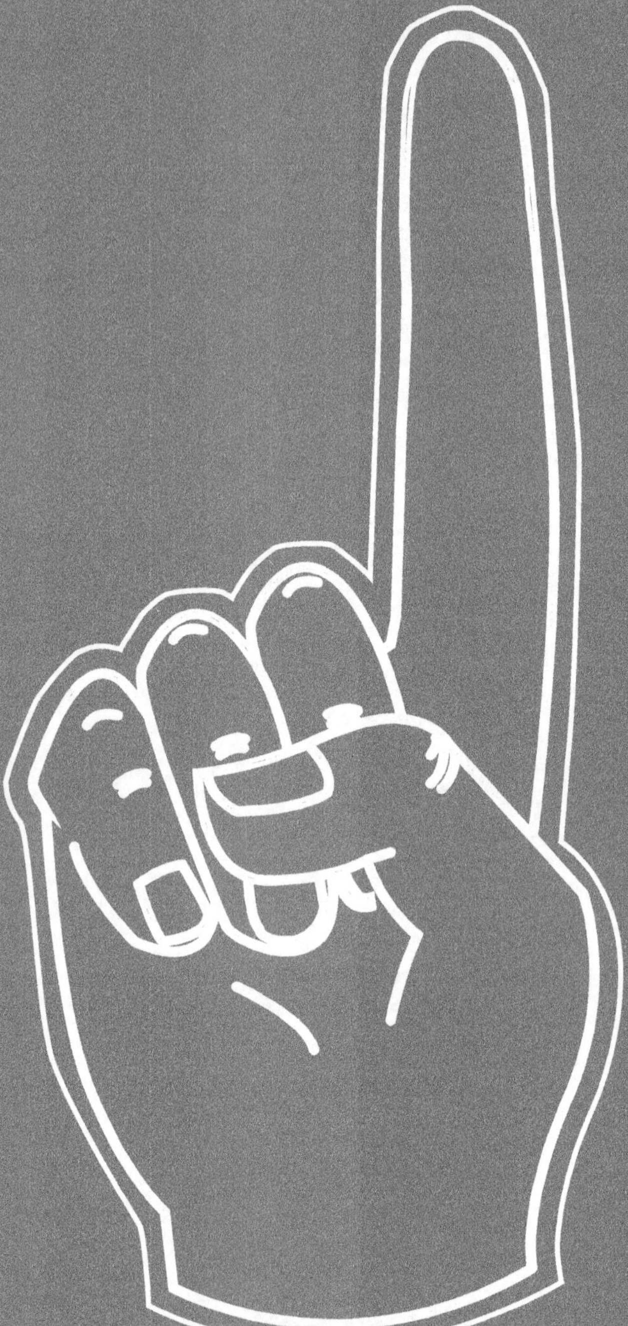

Capítulo 11

Como vender mais para os mesmos clientes

"Os vendedores de sucesso primeiro se preocupam com o cliente, e, depois, com os produtos."

— Philip Kotler (consultor, professor e pensador de negócios – Considerado o pai do marketing moderno)

Uma das ações mais certeiras de garantir faturamento é vender para quem já é cliente. Afinal, eles já conhecem e têm confiança no trabalho desenvolvido por você e pela sua empresa.

Vendedores inteligentes sabem o quanto é importante fidelizar clientes, já que toda perda de relacionamento com um cliente custa dinheiro.

E não pense que é jogo compensar este custo com um novo cliente, pois conquistar novos compradores custa mais do que manter um já existente, como destaquei no capítulo anterior.

Segundo Perry Marshall, autor de "80/20 Sales & Marketing", a tão conhecida regra 80/20 também se aplica a clientes e ao faturamento de uma empresa: 20% dos seus clientes são responsáveis por 80% das suas vendas. Falei sobre ainda pouco.

Isso mostra que focar mais nos clientes dos 20% é mais sensato do que colocar a maior parte da sua energia e atenção para cortejar os outros 80% que geram apenas uma fração dos ganhos. Dessa forma, aumentar os ganhos do seu negócio é muito mais viável com estratégias de fidelização.

Conheça bem seus produtos

O aumento de faturamento se deve, muitas vezes, ao ato de conhecer profundamente seus produtos ou serviços, de modo a fazer apresentações com convicção, segurança, motivação e entusiasmo, transmitindo confiança.

Um vendedor especializado em seus produtos acaba crescendo as vendas, oferecendo novos produtos serviços na mesma linha. Portanto, conhecer e saber apresentar sua solução é uma forma de provocar o interesse do comprador para que ele possa ramificar a sua demanda.

Se você tem uma linha de produtos "amarradinha", fica mais fácil oferecer ao já cliente outro produto ou serviço que complemente o primeiro. Então, uma dica para vender mais para os mesmos clientes, é criar uma cadeia de produtos que resolvam problemas específicos deles e que os ajude a subir de nível.

Utilize a tática da complementação

Não é por acaso que o macarrão, o molho de tomate e queijo ralado estão próximos nas prateleiras de supermercado. Os gerentes e promotores de vendas desses estabelecimentos sabem que a probabilidade de os consumidores comprarem os três itens é grande, e por isso os deixam pertos uns dos outros nas gôndolas.

Leve o conceito para a sua realidade. Aprenda a vender mais a partir da complementação de produtos. Se uma cliente precisa de um perfume, pode ser que também queira um batom ou outro item de maquiagem.

Em alguns casos, é normal o cliente não saber os produtos que harmonizam entre si, por isso você precisa estar preparado para indicar as melhores combinações.

Aposte no Upsell

Com base na dica anterior, você pode fazer uso do Upsell, outra técnica poderosa para quem deseja vender mais para quem já comprou. A tática consiste em oferecer novos e vantajosos produtos logo após o cliente fazer a primeira compra.

Pensando bem na estratégia, após a venda feita, o cliente não se sente tão tenso. E oferecer a ele produtos que trazem vantagens o deixará mais aberto a novas negociações.

Se você já comeu em Fast Foods, como o McDonald's, já deve ter reparado que os atendentes e vendedores são treinados para vender produtos adicionais na hora que você faz um pedido. "Senhor, por mais 1 real você tem o dobro de queijo", por exemplo. Eles não fazem isso por acaso.

Trabalhe o "gatilho da exclusividade"

Faça promoções, crie programas de fidelidade, avise sobre lançamentos. Clientes fiéis adoram algo exclusivo. Além do básico que toda empresa deve cumprir, que é fazer contato, demonstrar interesse e dar atenção, trate de mostrar, sempre em primeira mão, todas as novidades que envolvem a empresa.

Algumas promoções e vantagens devem ser criadas especialmente para eles, que estão dando um *up* no faturamento. Programas de fidelidade são sempre ótimos. As vantagens oferecidas fazem com que eles tenham interesse em estar sempre procurando por novos serviços e novidades que você possa oferecer.

Assim como os bancos têm agências e funcionários específicos para atender bons clientes, é necessário dar uma atenção especial para que eles se sintam melhores em relação aos outros e vejam as vantagens que estão levando por serem fiéis.

Crie um programa de assinaturas

Um cliente fiel está mais propenso a pagar por algo recorrente se perceber valor. Diante disso você pode criar um plano de assinaturas, que fará com que seu cliente lhe traga vantagens a longo prazo.

Muitas empresas hoje utilizam esse modelo, como é o caso da Netflix, que todo mundo conhece ou já ouviu falar. A empresa cobra um valor pequeno para o cliente ter acesso ilimitado a uma gama de filmes e séries.

O MeuSucesso.com, do empresário Flávio Augusto da Silva, segue a mesma linha, mas voltado ao empreendedorismo. O assinante pode consumir estudos de caso em forma de documentários para se inspirar e aprender com pessoas que já têm resultados no mundo dos negócios.

Eu mesmo criei um Clube de Assinaturas de conteúdo. Ele se chama Personal Content e é dedicado ao marketing e aos negócios. Você pode conhecê-lo acessando www.personalcontent.co.

Para criar um bom plano de assinatura, é necessário se pensar em uma maneira de oferecer um produto que dará ênfase mais nas vantagens do que em seu próprio custo. Mais uma vez, o valor gerado deve ser grande.

Esteja preparado sempre

Reúna todas as informações possíveis sobre o comprador. É muito importante estar a par da situação do cliente em potencial, para que você consiga oferecer soluções mais certeiras.

Vendedores bem preparados tendem a conseguir mais resultados quando o assunto é fidelização. Nos dias de hoje, com todas as alterações feitas na dinâmica das empresas, é absolutamente necessário entender que você, homem de vendas, precisa seguir uma política de bom atendimento.

Essa política vai garantir uma sintonia entre você e o cliente e não haverá tanta dificuldade de fidelização e aumento de faturamento. Não há como fidelizar um cliente sem estar ao seu lado, conhecendo-o cada vez melhor e oferecendo soluções sob medida e surpreendendo-o cada vez mais.

Trabalhe bem o seu preparo como profissional, desenvolva habilidades e colha os frutos do seu esforço.

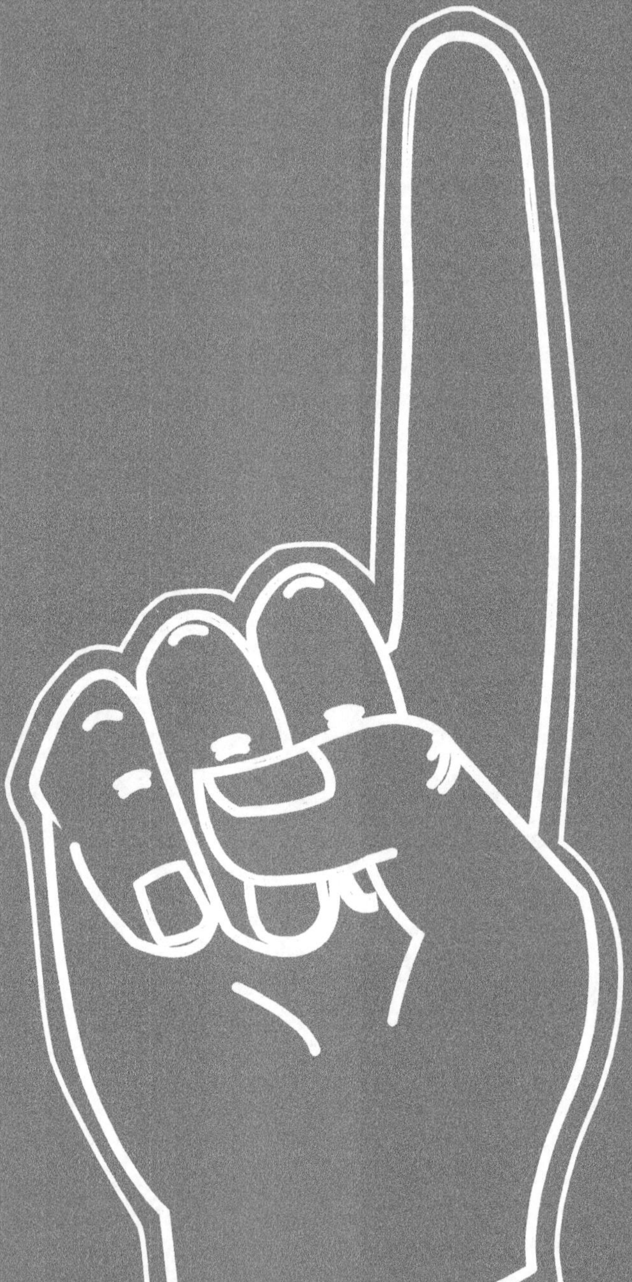

Capítulo 12

Como vender produtos de valor alto

> *"Se você faz bons produtos, torne-os ainda melhores. Se faz um bom atendimento e entrega serviços de qualidade, então este é o seu negócio.*
>
> — **Steve Jobs (fundador da Apple).**

Quanto você pagaria por um lápis? R$1,00 ou R$2,00? Justo. E, se esse lápis tiver um "bônus" de carregar consigo uma borracha substituível e um apontador? Bem, certamente o valor já é mais alto, não é? O público certo pagaria até R$10,00 por esse "kit escrita".

Então, se formos além e dissermos que esse lápis é feito de um cedro específico que cresceu livre e majestosamente nas montanhas da Turquia? E mais, que trata-se de uma edição limitada, que comemora os 240 anos de uma empresa? Igual a ele, só existem outros 98 no mundo. Ou seja, você é uma pessoa especial por conseguir esse lápis.

Com isso, já é possível encontrar colecionadores e acumuladores de relíquias dispostos a pagar mais de R$1.000,00 por ele. Mas, para fechar a venda com chave de ouro, literalmente, informamos que este lápis é feito de ouro branco, cravejado com três diamantes — que marcam o terceiro milênio da história da humanidade.

Ou seja, em poucas palavras, ele é um lápis único e perfeito!

Acredite ou não, existem pessoas (99 para ser exato) que pagaram mais de R$75.000,00 por ele. E sabe porquê? Porque a Faber Castell — produtora do Lápis Perfeito (sim, ele existe) — sabe vender produtos.

Não é sobre venda de produto

Se você acessar a página do Graf Von Faber Castell (http://www.graf-von-faber-castell.com.br) vai notar que ele não é somente um lápis, de acordo com a fabricante. Ele vai muito além de apenas escrever, ele é um marco na história da escrita mundial, um símbolo de toda essência de uma arte milenar e que fez um grupo de seres humanos tornarem-se uma civilização complexa e organizada.

Quer dizer, eles não estão vendendo apenas o produto "lápis". Eles estão vendendo algo que expressa toda a paixão de um poeta. Ou seja, a solução para que um escritor, poeta ou algum milionário patrocinador das artes possa expressar toda a sua devoção à arte da escrita.

E é exatamente isso que você precisa fazer, se quiser vender produtos de alto valor. Gerar interesse, despertar o desejo, ir fundo, tocar emoções e não somente ofertar um produto.

Você deve fazer com que o seu prospecto perceba que o produto não vai "simplesmente fazer isso" ou aquilo, mas irá mudar completamente a vida dele. Irá impactá-lo positivamente em tudo que ele faz ou já fez na vida.

Essa "entrega", para algumas pessoas, não tem preço. Afinal, quanto vale sua transformação? Quanto vale a "cura para uma dor" que você enfrenta há anos? Qual o preço que se paga para obter o prazer pleno sobre algo?

Não tem preço, não é? Pois então, é com essa mentalidade que você deve apresentar sua oferta a partir de agora. Faça o cliente perceber que o que você vende é algo imensurável, e que o preço cobrado é apenas simbólico...

Oferta irresistível

Um lápis é um lápis. Mas o "Lápis Perfeito" é feito de cedro das montanhas, cravejado de diamantes. Toda essa abordagem é o que enche os olhos do prospecto, é o que faz com que o seu produto não seja somente mais um e que, por isso, não tem porque ser tão caro.

Logo, o que você precisa fazer para vender produtos de alto valor é transformar a sua oferta em algo irresistível, único, indiscutível.

Claro que o seu produto não precisa ter crescido livre e majestosamente no topo de uma montanha na Turquia, mas se ele for fruto de anos de experiência, se contiver sua experiência consolidada, sua prática adquirida por anos, por exemplo, já vai ser um bom motivo para o seu prospecto valorizá-lo.

Afinal de contas, ele não estará mais comprando um produto como outro qualquer. Ele estará comprando anos de experiência. Estará comprando tempo de vida e dedicação. Comprando o atalho para ele também mudar de vida.

Conte histórias

Muitos empreendedores e profissionais de marketing já entenderam que uma história bem contada é uma forma excelente de conectar o público à uma marca. Considere isso na hora de criar sua oferta irresistível.

Conte sua própria jornada de transformação, ou a de outros clientes que usaram seu produto, para mostrar que o que você está vendendo é realmente o "elixir" da mudança.

No demais, estude a fundo o seu produto, explore tudo que ele oferece para que então você possa transferir toda essa experiência única ao seu prospecto.

Conhecer o produto é fundamental para saber expor, com firmeza, as qualidades e características que o tornam tão especial.

Ofereça bônus

O bônus do "Lápis Perfeito" é vir com apontador e borracha. Pouca coisa, mas que se colocado de maneira inteligente, como a Faber Castell fez, fará toda a diferença.

Um exemplo mais prático do efeito desta entrega de bônus é com produtos digitais, onde produtores do mundo todo vendem seu conhecimento em forma de cursos, *e-books*, treinamentos *on-line* etc.

Não raramente, podemos ver dois ou mais destes produtos oferecendo o mesmo conteúdo, porém com preços bastante diferentes. A oferta é outra, porque há vantagens diferentes, como bônus agregados.

Um produto que vende uma dieta para emagrecer e custa R$ 97,00 tem quase a mesma quantidade de conversão daquele que vende a mesma dieta por

R$287,00. Por quê? Bem, enquanto o primeiro apenas fornece um *e-book* com a dieta, o segundo entrega uma lista de compras de produtos de emagrecimento para escolher no supermercado.

Uma simples lista vale R$190,00? Dificilmente, mas um bônus que vai livrar o prospecto de um outro problema, o de saber exatamente o que comprar, sim. Isso mostra que o produtor está preocupado com a satisfação do cliente.

Os bônus, por mais pequenos que possam parecer, sempre ajudam na hora de vender um produto de alto valor, pois o cliente tem a sensação de estar levando "mais por menos".

Lembra das velhas promoções de supermercado? Compre 4 pacotes de suco e leve um copo personalizado de brinde? Isso é um tipo de promoção com bônus.

Em suma, quando você disponibiliza um ou mais bônus, você usa conjuntamente a técnica do "mais por menos" e da entrega de "solução". O cliente fica ansioso para ter tudo aquilo em mãos e não mede esforços para obter seu produto, mesmo que ele seja de alto valor.

Afinal de contas, sua empresa não estará apenas tentando vender por vender, ela está querendo "curar" a dor do cliente e, prova disso, é o fato de que ela manda junto alguns bônus que ajudam nesse processo de "cura".

Use a teoria do contraste

Na campanha de venda do "Lápis Perfeito", a Faber Castell dedicou um artigo inteiro do seu site explicando como o produto era um grande investimento, pois ele custava R$75.000,00 ali, mas dentro de alguns anos, dobraria de preço.

O que é verdade, pois agora que esgotou a edição limitada, dificilmente você conseguirá comprar um desses por menos de R$150.000,00. Reparou? Vou escrever por extenso para você. Cento e cinquenta mil reais, por um lápis.

Ou seja, a empresa utilizou a teoria do contraste de preço, mostrando para o cliente que — na verdade — os R$75.000,00 estão saindo baratos, perto do valor a ser colocado depois do esgotamento da edição. Aplique essa mesma teoria em suas ofertas.

Claro que esta lógica não é aplicável em todos os tipos de vendas, mas o que você pode fazer é apresentar dois preços. Primeiro, um valor mais alto, de ancoragem e — em seguida — o valor menor. Dessa maneira, um produto que antes custava R$1.000,00 e que agora está por R$780,00 traz a sensação de "está barato!".

Dessa maneira, não vai parecer para o cliente que seu produto é caro. Muito pelo contrário, na mente do cliente, seus produtos com alto valor agregado estão saindo bem em conta e, por isso, ele precisa aproveitar o quanto antes!

Venda no mais alto nível

Fechar uma venda de R$1,00 é consideravelmente mais fácil do que fechar uma venda de R$75.000,00, certo? Justamente por isso a Faber Castell não colocou o "Lápis Perfeito" à disposição nas papelarias ou, então, esperou vender o seu produto em apenas alguns minutos de conversa.

Algumas pessoas estiveram em um shopping de São Paulo onde havia um *stand* da Faber Castell com um único lápis. Eles não queriam vender os 99, eles iam vender 1, e vendendo, fechariam o stand.

Eles dedicaram dias de espera e negociação para realizar a venda e esta venda só foi realizada porque eles venderam em alto nível. Você provavelmente não vai comprar um produto de R$75.000,00 numa papelaria, mas num *stand* com TV, ar condicionado, café, dois ou três vendedores bem-vestidos em um dos shoppings mais nobres de São Paulo.

Claro que este alto nível nem sempre pode ser replicado, devido ao valor do produto ou mesmo o meio pelo qual ele é vendido. Entretanto, você pode seguir a lógica e aplicar isso no seu processo de vendas.

O ambiente pode ser no saguão de algum hotel no intervalo de um evento, ou até mesmo durante um jantar de negócios em um restaurante. Disponibilizando um alto nível de atendimento, você conseguirá vender produtos de alto valor.

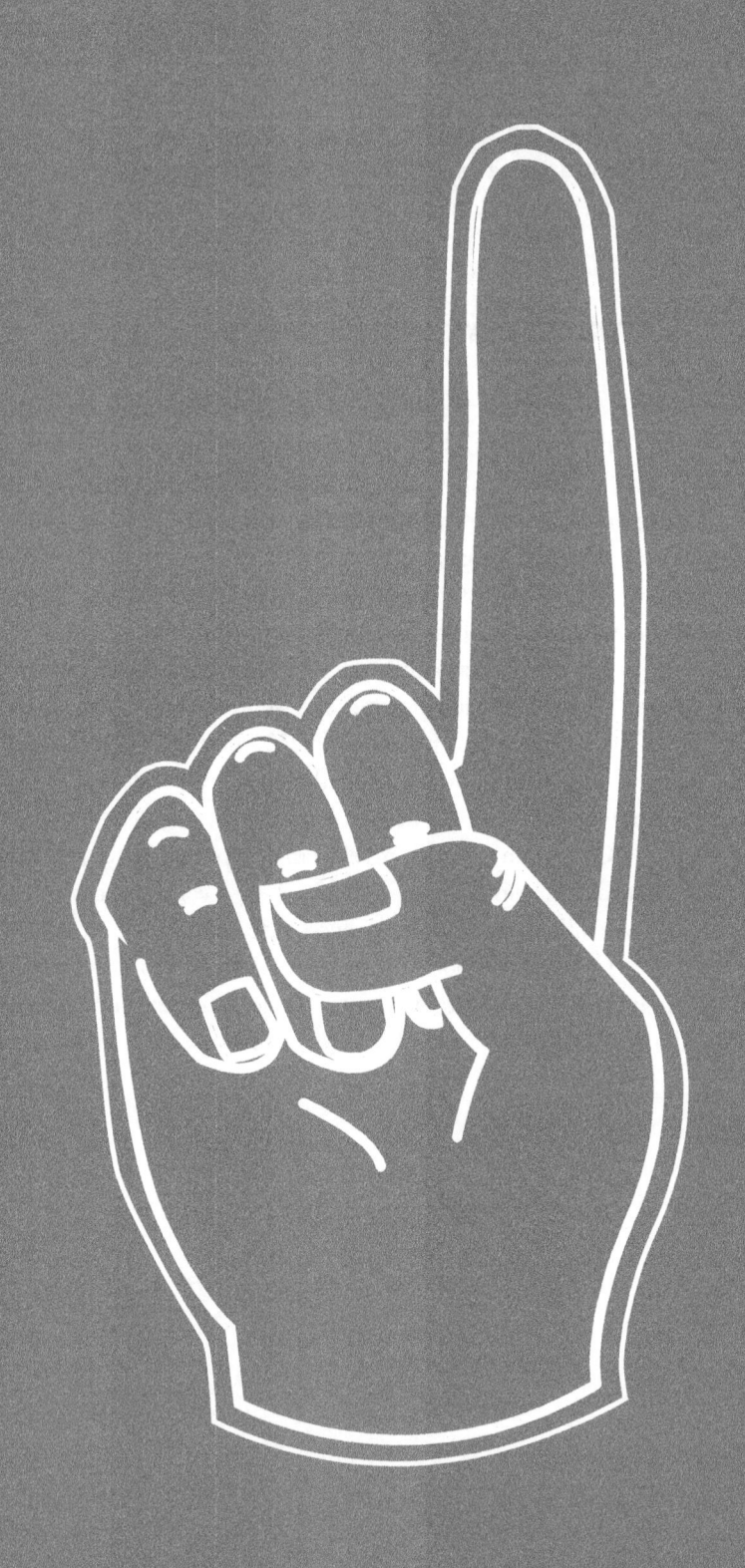

Capítulo 13
Venda consultiva

> *"Muitas Pessoas pensam que "vender" é o mesmo que "falar". Mas os vendedores mais eficazes sabem que ouvir é a parte mais importante do seu trabalho."*
>
> — Roy Bartell (empreendedor e consultor americano).

A venda consultiva é o tipo de venda onde o profissional busca se posicionar mais como um consultor do que um vendedor clássico.

O objetivo dessa mudança de postura visa atender às necessidades atuais dos prospects e leads, gerando ainda mais valor durante o processo de decisão de compra através de informações estratégicas e questionamentos pertinentes.

O trabalho de um consultor é o de diagnosticar problemas e oportunidades de melhoria, apontar correções e acompanhar resultados. Em geral, esse especialista é o responsável por desenvolver apenas a solução e indicar os caminhos a serem seguidos.

A função do consultor de vendas é parecida. Ele ajuda o futuro cliente a identificar seus problemas, enxergar soluções válidas, compará-las e tomar as melhores decisões. Nesse caso, além de usar técnicas de vendas, ele se dispõe a ajudar o cliente, principalmente para fazer com que o Retorno Sobre o Investimento (ROI) seja positivo.

Origem

Consultoria é a atividade profissional de diagnóstico e formulação de soluções acerca de um assunto ou especialidade. A prática remonta às origens das relações humanas. Nela constitui-se a reflexão em busca de uma resposta através do mais adequado conselho, ou de forma mais complexa, porém menos objetiva, de um parecer.

De acordo com a Endeavor, organização global de educação empreendedora, a metodologia chamada venda consultiva surgiu da união de duas habilidades: vender e dar consultoria — ou seja, o vendedor que tem bastante conhecimento sobre determinado assunto pode ajudar o *prospect* a resolver um problema ou a aperfeiçoar um processo.

Nesse tipo de venda, o profissional se torna um aliado do cliente, que entende que o vendedor não quer só vender, mas ajudar a tomar as melhores decisões. O cliente passa a ter a percepção de que está recebendo uma consultoria, e que o vendedor é um grande especialista no assunto.

Consequentemente, melhores negócios são feitos.

As vantagens da venda consultiva
- Aumento do ticket médio (maior valor de compra por cliente), através de maior quantidade do mesmo produto ou compra de outros itens;
- Aumento do mix de produtos (na quantidade de itens diferentes ou venda casada);
- Maior retenção e fidelização de clientes.
- Geração de autoridade (os clientes reconhecem a presteza e conhecimento dos vendedores e isso gera confiança, transformando a empresa em uma referência no mercado).
- Maiores indicações (naturalmente, quando você realiza um bom trabalho as pessoas têm segurança de indicar seus serviços para outras pessoas.)

Características do vendedor consultivo
As características de um vendedor consultivo são diversas, mas podemos dizer que, em resumo, ele precisa ser altamente qualificado, ter grandes conhecimentos gerais e de produtos; ser educado, confiável e agradável; agir com honestidade e estar sempre disposto a buscar informações detalhadas.

Além disso, podemos dizer que deve ter *feeling* para entender as pessoas, capacidade de dialogar e de questionar o cliente em busca das suas reais necessidades. Sem contar que também deve saber enxergar se o cliente realmente precisa da solução que está sendo ofertada.

O objetivo do vendedor consultivo deve estar sempre baseado na busca pela satisfação das necessidades do cliente. Ele deve direcionar sua abordagem para identificar quais são essas necessidades e entendê-las, a fim de apresentar a melhor solução possível, na percepção do cliente.

As etapas da venda consultiva
A venda consultiva é formada por etapas de vendas que o ajudam a cumprir todos os requisitos de uma boa negociação.

1 - Preparação e planejamento
Nessa primeira etapa, o vendedor deve definir qual será sua estratégia competitiva (por exemplo: baixo custo, posicionamento, diferenciação, nicho, etc.), para então fazer a proposta de valor. Para tanto, deverá se preparar com antecedência, entender o mercado em que o prospect/lead atua e quais as necessidades dele.

Também é importante se preparar para negociações com múltiplos tomadores de decisão e saber como identificá-los.

2 - Prospecção e abordagem
Nesta segunda etapa, o trabalho deve ser definir e apresentar ao lead uma proposta de valor, com vantagens e benefícios que poderão satisfazer seus desejos e necessidades. É fundamental que o vendedor comece a estabelecer desde já, uma relação de confiança, agindo sinceramente com o desejo de ajudar o futuro cliente a resolver seus problemas.

3 - Levantamento de necessidades
Esse é o momento em que o vendedor-consultivo deve fazer perguntas pertinentes, e a partir das respostas do lead, mostrar como o seu produto ou serviço poderá ajudar a solucionar os problemas que estão sendo colocados em evidência. Aqui o especialista em vendas deverá ter um ótimo senso de análise e saber ligar os pontos para gerar melhores resultados.

4 - Apresentação e negociação
No processo de vendas consultivas, o que vale não é "o que" você vende, mas "como você vende". Nesta quarta etapa, você deve apresentar a proposta comercial e preparar-se para a negociação. Para uma negociação de alta performance, o vendedor consultivo deve estar muito bem preparado.

5 - Fechamento

Esta é a fase de conclusão da negociação. O vendedor poderá agregar ainda mais valor à venda, oferecendo outros produtos ou serviços pertinentes, sempre buscando a satisfação do cliente em primeiro lugar.

Esta etapa envolve um conjunto de requisitos essenciais para a formalização da venda: preço, formas de pagamento, prazo e contrato.

6 - Pós-venda

Conquanto alguns profissionais ignorem, essa é uma etapa fundamental do processo de vendas consultivas para fidelizar o cliente. O pós-venda é o processo de acompanhamento e relacionamento com o cliente após o ato de compra. Envolve a entrega, gestão de reclamações, acompanhamento, assistência técnica, manutenção, etc.

Os consumidores buscam por bom atendimento e produtos e serviços que atendam verdadeiramente suas necessidades. Para satisfazê-los, vendedores devem cada vez mais aprimorar suas competências profissionais.

Nesse sentido, a venda consultiva é um grande diferencial. Ela é, em muitos casos, o primeiro passo para entender, de fato, sua posição, bem como indicar sua capacitação para realizar o modelo da forma mais eficaz.

Seja mais que um vendedor, seja um vendedor consultor!

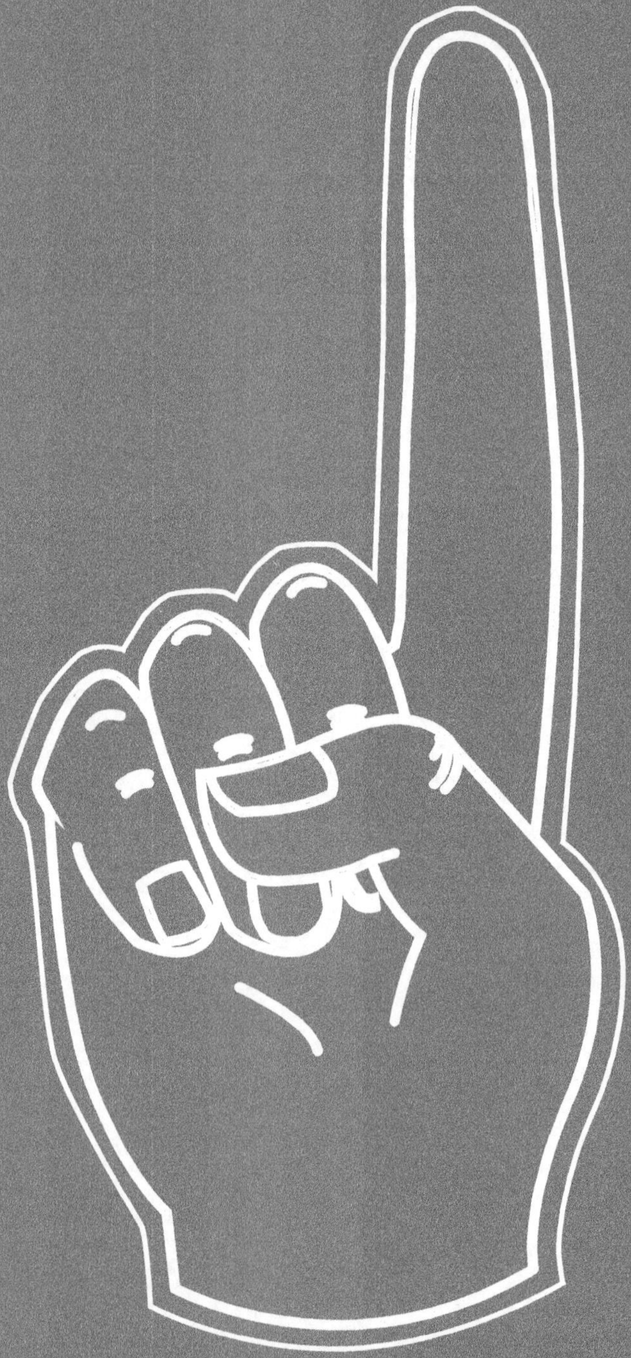

Capítulo 14

Lições do maior vendedor de carros do mundo

"Eu gosto de você."

— Joe Girard (vendedor americano)

Joe Girard cresceu num lar pobre, localizado na periferia de Detroit. Sofreu desde pequeno com as maldades e humilhações do pai, um imigrante italiano fracassado.

Dos 9 aos 11 anos trabalhou como engraxate, carregando uma grande caixa com seu material de trabalho de um lado para outro. Isso após entregar jornais de madrugada.

Aos 14 anos, para fugir de seu pai furioso, que era alcoólatra, dormia fora de casa quase todas as noites, em caixas de papelão no pátio de uma estação ferroviária.

Cresceu ouvindo seu progenitor dizer que ele jamais conseguiria ser alguém na vida. Como é comum em muitas famílias, teve de lutar contra a violência verbal, que em muitos casos, é pior que a física.

Mas...

O tempo passou, e aos trinta e cinco anos, Joe alimentava esta sina, sendo um verdadeiro fracasso na vida e na profissão. Já havia tentado se estabelecer em diversos tipos de negócios, mas sempre falhava.

Em mais uma tentativa desesperada de conseguir trabalho, decidiu entrar no ramo de vendas de automóveis. E foi nesse setor que veio se tornar um dos maiores vendedores de todos os tempos.

Até hoje as pessoas se perguntam qual a explicação para o sucesso de um profissional fracassado, que apenas com o ensino fundamental, em pouco tempo, se tornou o principal negociador da América.

Joe Girard, depois de tantas frustrações, foi apontado pelo Guinness Book como O Maior Vendedor de Carros do Mundo, não tendo competidor a altura durante os muitos anos em que atuou em concessionárias.

De 1300 a 1500 carros por ano

Segundo a biografia, Joe Girard vendia em torno de 1300 a 1500 carros por ano, o que dava uma média superior a 5 carros zero Km por dia. Impressionante, não é?

Qualquer vendedor de carros ou de outros setores pode achar esta tarefa praticamente impossível. Mas essa era, de fato, a realidade de Girard nos últimos anos em que trabalhou como vendedor.

Todo este desempenho tem explicação. Ele se valia de um método de trabalho bastante inovador baseado em ideias simples e práticas. Ele prova, em sua trajetória, que essa crença de "nascer com dom de vender" é balela, pois vender é uma ciência que pode ser aprendida.

Tudo começou quando ele se viu mais uma vez desempregado e passando por enormes necessidades financeiras. Detalhe: tinha mulher e filhos. Decidiu então procurar um conhecido que era gerente de uma loja de carros. De início, o homem lhe negou o emprego argumentando que a loja já tinha vendedores demais para os poucos clientes que apareciam.

Como Joe estava desesperado, fez uma proposta ao gerente: que não atenderia os clientes que fossem à concessionária, mas apenas os que conseguisse captar por outros meios. O gerente acabou aceitando.

Esta decisão obrigou o então fracassado Joe Girard a criar novas maneiras de captar, conquistar e construir relacionamentos com os clientes em potencial.

Dê-me a lista telefônica

Uma pequena mesa, um telefone e uma lista telefônica foram disponibilizados para o aspirante a vendedor. O material ficava no fundo do salão da concessionária, de maneira que ele não pudesse interceptar os prospectos que entrassem pelas portas da frente. Ali Joe passou a ficar a maior parte do tempo ligando aleatoriamente para assinantes da lista telefônica para oferecer os veículos.

Enquanto prospectava, era vigiado pelo grupo de vendedores da loja e pelo próprio gerente, que se certificavam de que ele não abordaria os clientes que entrassem. No primeiro dia, à tarde, ele fechou sua primeira venda. Pediu então ao gerente 10 dólares adiantados para levar uma pequena compra para sua família.

Sem ajuda de custo ou salário (nem mesmo um veículo para trabalhar), Joe tinha real necessidade de vender. Se não fizesse vendas, passaria pela situação triste e constrangedora de chegar em casa sem um centavo. Prosseguiu nesse pensamento. Evitava beber água, tomar café e bater papo nas rodinhas de vendedores. Não podia se dar ao luxo de perder tempo.

No mês seguinte, vendeu o número expressivo de 18 veículos, entre carros de passeio e caminhonetes. Na última semana do mês, o gerente o convocou para uma reunião e o demitiu, alegando que era um vendedor agressivo em seus métodos. Esse argumento também foi construído pelos outros vendedores, que enciumados, ameaçavam sair da empresa se Joe não fosse cortado da lista de vendedores.

Esse fato não seria um empecilho. Afinal, ele agora já tinha experiência e não precisaria se humilhar para conseguir seu próximo trabalho. Foi prontamente contratado pela concessionária Merollis Chevrolet, em Michigan, onde nos próximos anos venderia mais carros que qualquer pessoa no mundo.

O que podemos aprender com Joe Girard?

Analisando a trajetória deste empreendedor, identifiquei algumas ações inovadoras em seu método. A base de seu sucesso estava em criar um ambiente em que torne a concorrência irrelevante para o cliente. Veja alguns métodos adotados por ele:

- Costumava deixar cartões de visita em todos os lugares que frequentava.
- Dava um cartão de visita a todas as pessoas que compravam um carro e dizia que, caso essa pessoa o indicasse como vendedor, e ele fechasse a venda, daria um bônus de $ 50,00.

- Enviava uma mensagem personalizada a todas as pessoas que compravam os seus carros.
- Para ele, a venda começava após o cliente assinar contrato, e não antes.
- Todos os meses, em dias diferentes, enviava mensagens aos seus clientes para lembrar que vendia carros e que seria grato se lhe dessem indicações a ele.

O objetivo de Girard era superar o oceano vermelho, onde acontece uma acirrada concorrência entre empresas ou profissionais, e embarcar no oceano azul, onde é possível nadar sozinho num ambiente sem concorrentes.

Enquanto seus colegas de profissão ficavam na loja esperando clientes "caírem do céu", ele realizava uma série de ações planejadas para atrair e conquistar continuamente novos clientes sem concorrer diretamente com os outros vendedores.

Essa e outras das ações utilizadas por Joe Girard podem ser analisadas no livro "Como Vender Qualquer Coisa a Qualquer Um", escrito por ele mesmo.

Para você ficar ainda mais abismado, confira alguns recordes conquistados por Girard:

- Vendedor com mais vendas de carros em um dia (18).
- Vendedor com mais vendas de carros em um mês (174).
- Vendedor com mais vendas de carros em um ano (1425).
- Vendedor com mais vendas de carros em 15 anos (13.001).

Um detalhe interessante: Joe Girard guardou, por muitos anos, sua caixa de engraxate, exposta em seu escritório. Joe Girard é um belo exemplo de onde o ofício de vendas pode levar alguém.

Até os dias atuais ninguém bateu seus recordes.

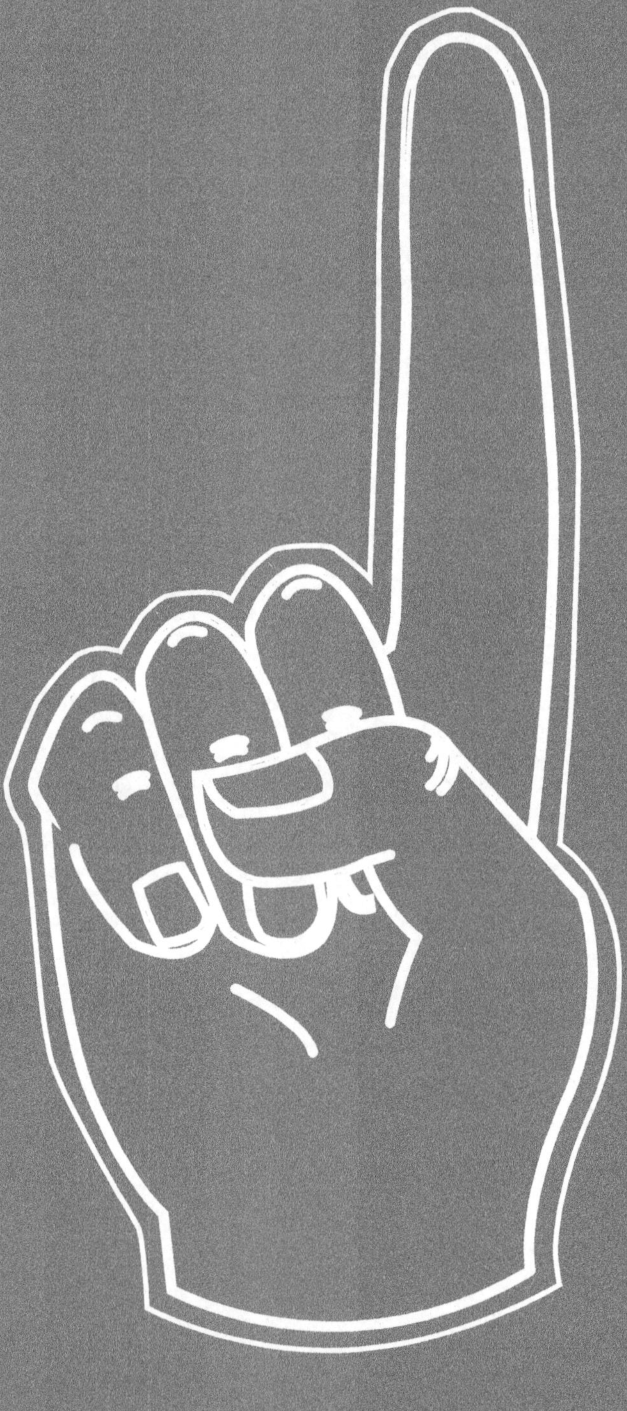

Capítulo 15

Você é seu melhor produto

"Sua marca é o que as pessoas dizem sobre você quando você não está na sala."

— Jeff Bezos (fundador da Amazon)

Homens bem vestidos e com presença impactante são muito mais notados, lembrados e elogiados, e isso não importando seu status financeiro, estilo de vida, inteligência e competência.

É com essa mesma essência que as pessoas hoje conseguem o que desejam nos âmbitos pessoais e profissionais. Eles se valem de algo que você já deve ter ouvido falar, mas pode ser que não domine ainda: o marketing pessoal.

Este é um ponto que não pode ser ignorado por você, caso você queira se destacar como vendedor e ser reconhecido no mundo dos negócios.

O que é marketing pessoal?

Marketing pessoal é um conjunto de ferramentas e atitudes usadas por profissionais para "vender" sua marca pessoal. Ele propõe trabalhar corretamente a própria imagem, proporcionado maiores chances de efetividade na aceitação de suas ideias, produtos e serviços por parte de seus parceiros e clientes.

Um profissional de vendas que pretende fazer com que seu público dê atenção às suas propostas, deve também cuidar de sua imagem. Independente do ramo de atuação, qualquer profissional deve possuir características e comportamentos para se destacar e ganhar pontos na carreira.

Há qualidades que quando externadas podem agregar valor e visibilidade a identidade pessoal e profissional das pessoas. São alguns exemplos: perfil de liderança, proatividade, espírito de equipe, otimismo, visão, maturidade, integridade, boa comunicação, persuasão, dentre outros.

Por mais "descolada" que uma carreira ou empreendimento possam ser, o que passamos através de nossas ações pesa muito na percepção dos outros a nosso respeito. Por isso que você, homem de vendas, deve ter um bom marketing pessoal.

O que você ganha com o marketing pessoal?

Visibilidade – Mais destaque para sua imagem, ideias, produtos e mensagem.
Credibilidade – Estabelece laços de confiança.
Lucratividade – Obtém mais retorno financeiro.
Networking – Consegue mais clientes e parceiros.
Persuasão – Conquista audiência.
Autoconhecimento – Conhece forças e fraquezas.
Sucesso – Alcança resultados mais promissores e satisfatórios.

Pontos positivos e negativos

Você pode começar fazendo uma análise SWOT (sigla, que em português para Forças, Fraquezas, Oportunidades e Ameaças). Essa ferramenta, empregada em marketing para o estudo de produtos, serviços e negócios, também poderá ser utilizada como recurso de autoconhecimento, e com ela, você consegue traçar sua estratégia de marketing pessoal mais facilmente.

Identificando as características de cada quadrante, você poderá trabalhar suas habilidades e competências com muito mais foco, potencializando o que já é bom e trabalhando no que pode ser melhorado.

Potencialização de talentos

Há pessoas com muita facilidade em determinadas atividades e por isso conseguem se destacar nessas áreas. Devemos aceitar isso, mas, obviamente, podemos ganhar habilidades com treino e dedicação.

Para ter mais sucesso com homem de vendas, esteja sempre disposto a aprimorar seus verdadeiros talentos e contribuir gerando valor com suas habilidades. Além de conseguir resultados extraordinários, você será mais facilmente notado.

Vestimenta

"Logicamente, é fundamental se vestir bem, adequadamente, de acordo com o ambiente específico. E é possível fazer isso sem abrir mão de sua própria personalidade e estilo". Essa é uma dica de Alberto Solon, especialista em imagem pessoal.

Ele tem ajudado centenas de empreendedores no Brasil e outros lugares do mundo. O mais interessante é que ele ensina de uma forma muito fácil como ser admirado e reconhecido imediatamente se vestindo bem e gastando pouco.

Comprometimento

Mesmo com a agenda lotada de afazeres, é importante que prazos e acordos sejam cumpridos, pois, falar uma coisa e fazer outra pode acabar com a sua credibilidade profissional. Para que isso não aconteça, não assuma tarefas que não possa cumprir e, caso surjam imprevistos, comunique a outra parte o mais rápido possível.

É importante destacar que honrar compromissos é uma característica do bom caráter de alguém. Ela mostra o tipo de pessoa e profissional que você é. Cada promessa é uma garantia. Por isso é tão importante manter o que foi dito e prometido, seja a quem for e qual o grau de responsabilidade que se assumiu.

Geração de valor

Para ser autoridade e referência em determinada área e ampliar seus resultados em marketing pessoal, você pode disponibilizar conteúdo relevante para o seu público. Pode fazer artigos, gravar vídeos ou explorar redes sociais como Facebook e LinkedIn. Tenho muita coisa no meu site que pode ajudar você com isso (www.paulomaccedo.com).

A partir do momento que você passa a imagem de alguém que tem a proposta de solucionar problemas, as pessoas se interessarão em ouvir o que tem a dizer. Essa é uma das táticas mais eficientes para um marketing pessoal hoje.

Networking

Utilizar os recursos que a internet oferece para se comunicar é fantástico. Além da rapidez, você poderá ampliar seus contatos em grande escala, mas há outras maneiras que podem ser usadas como participação em cursos, feiras, workshops e eventos que reúnam pessoas de seu ramo de atuação.

Combinando bem isso, você terá mais chances de prospectar clientes e fechar ótimas parcerias. Essa é uma coisa que eu valorizo bastante, por isso participo, em média, de 5 a 7 eventos do meu setor durante o ano. A internet facilitou nossa vida em muitos aspectos, mas o "cara a cara" ainda é muito poderoso.

Discrição

No mundo dos negócios, discrição é a palavra de ordem. Ideias, projetos ou até mesmo assuntos paralelos não devem ser passados adiante para não prejudicar parceiros e clientes que depositam confiança em você.

Quando somos discretos, acabamos sendo cautelosos no vestir e no proceder. E quem é discreto alcança a atenção e a admiração de todos pela sua conduta e por não demonstrar nenhuma vulgaridade no seu procedimento com ninguém.

Comunicação

Uma boa comunicação e apresentação podem facilitar o surgimento de mais vendas e negócios. É bom tomar cuidado com erros ortográficos em e-mails ou até mesmo mensagens em redes sociais. Além disso, tenha cuidado com determinadas gírias. Procure se expressar da melhor maneira possível.

Vendedores que não sabem se comunicar com eficiência, e que não são capazes de se fazer entendidos, colocam em cheque a sua credibilidade em um mundo tão competitivo e correm o risco de perder grandes oportunidades de negócios.

Agora que já você aprendeu como trabalhar seu marketing pessoal, procure adotar essas práticas no seu dia a dia, gerenciamento seu comportamento nas redes sociais, vestindo-se bem, se comportando adequadamente em eventos de negócios, melhorando sua comunicação, e acima de tudo, tomando o cuidado de passar a mensagem certa para o seu público-alvo.

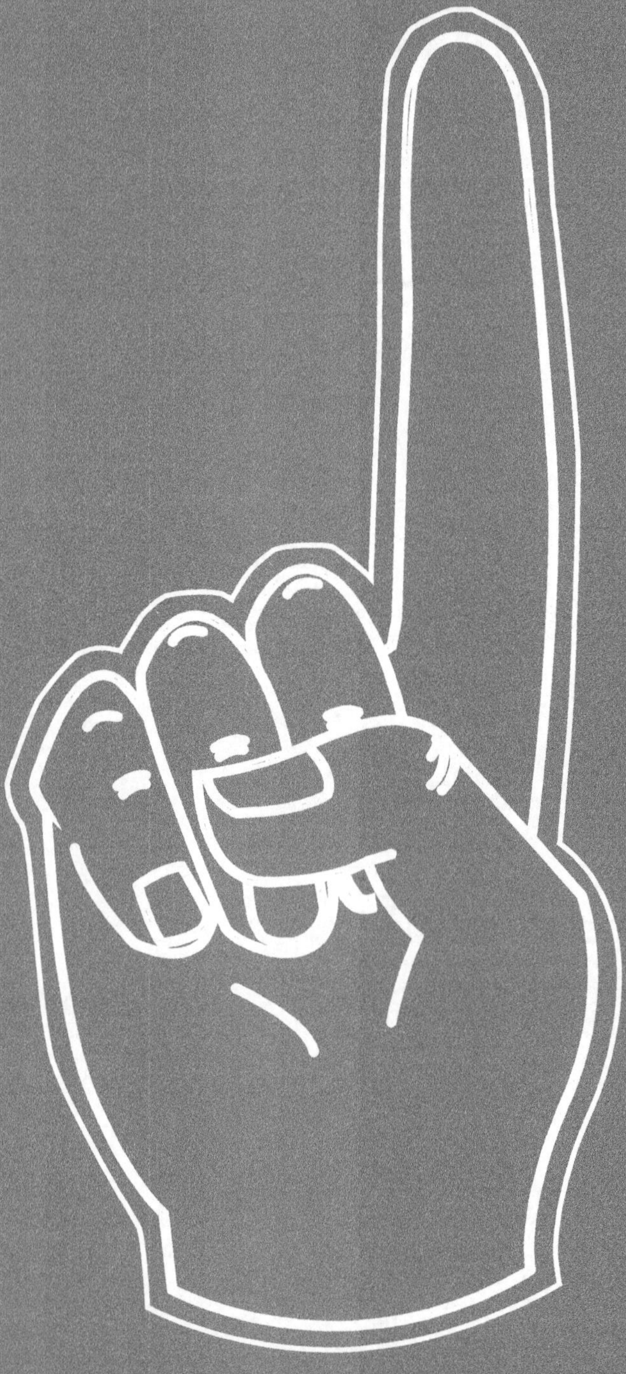

Capítulo 16

O ingrediente que não pode faltar na receita do sucesso

> *"Uma chave importante para o sucesso é a autoconfiança. Uma chave importante para a autoconfiança é a preparação."*
>
> — Arthur Ashe (tenista norte-americano)

Autoconfiança é a convicção que uma pessoa tem de ser capaz de fazer ou realizar alguma coisa. Autoconfiança também pode ser entendida como uma postura positiva com relação às próprias capacidades e desempenho.

Isso inclui as convicções de saber fazer alguma coisa, de fazê-lo bem, de conseguir alcançar algo, de suportar as dificuldades e de poder prescindir de algo. Autoconfiança é uma característica essencial nos homens de sucesso, e você, vendedor, deve aprender a desenvolver isso se quiser ser bem-sucedido.

Para exemplificar a força da autoconfiança, vou compartilhar a história de um homem que conseguiu dar a volta por cima simplesmente confiando em si mesmo:

Um homem falido, três ternos fiados e a confiança em si mesmo

A guerra destruíra todos os meus negócios e eu era forçado a começar tudo de novo. Meu guarda-roupa consistia então em três ternos velhos e dois uniformes de que eu não precisava mais.

Sabendo muito bem que as pessoas em geral julgam um homem pela sua maneira de vestir, fui logo procurar o meu alfaiate. Felizmente ele me conhecia há muitos anos e, assim, não me julgou pela roupa que eu vestia. Se o tivesse feito, creio que teria "naufragado".

Eu tinha no bolso, por única fortuna, menos de um dólar trocado, e, contudo, consegui crédito para três ternos dos mais caros que já tive. Pedi também que as roupas fossem feitas sem demora.

Os três ternos custaram $ 375,00.

Felizmente eu tinha crédito junto ao meu alfaiate, e ele não me perguntou quando pagaria aquelas roupas tão caras. Sabia que eu podia pagar e pagaria num tempo determinado, mas estaria convencido disso? Era essa a ideia que me passava pela cabeça e eu tinha esperança de que a pergunta não fosse feita.

Em seguida comprei, em outra casa, três ternos mais baratos e um enxoval completo: as melhores camisas, colarinhos, gravatas e roupas brancas. Em menos de vinte e quatro horas estava livre da guerra e com um débito de $ 675,00.

Todas as manhãs eu me vestia bem e começava a passear pela mesma rua, precisamente, à mesma hora. Acontece que era justamente a hora em que um rico editor costumava passar pela mesma rua, quando ia almoçar.

Comecei a cumprimentá-lo todas as manhãs, e, às vezes, parava para conversar com ele alguns minutos. No fim de uma semana resolvi fazer um teste ao passar por ele, a fim de experimentar se ele passaria por mim sem falar.

Observando-o com o canto do olho fui passando adiante, quando ele me fez parar no passeio da rua, pôs a mão no meu ombro e, olhando para mim da cabeça aos pés, exclamou:

— Para um homem que acaba de deixar o uniforme, o senhor me parece muito próspero. Poder-se-ia saber quem fez os seus ternos?

— Pois não, respondi eu, esse terno foi feito especialmente para mim pela casa Wilkie & Sellery.

Ele quis saber em que eu me ocupava. Aquele ar de prosperidade que eu mostrava, vestindo todos os dias um terno diferente, atraiu a sua curiosidade.

E era justamente isso que eu queria.

Sacudindo as cinzas do Havana que fumava, respondi:

— Oh! Estou organizando uma nova revista que pretendo editar.

— Uma nova revista? perguntou ele. E como se chama?

— Chamar-se-á Hill's Golden Rule, respondi eu.

— Não se esqueça—tornou o meu amigo editor—que me

Capítulo 16 – O ingrediente que não pode faltar na receita do sucesso

encarrego de impressão e distribuição de revistas. Talvez lhe possa ser útil.

Chegava o momento esperado.

E era justamente o que eu tinha em vista quando comprei os ternos. Contudo, vale a pena acentuar que essa conversa nunca teria tido lugar se o editor me tivesse visto na rua com uma roupa surrada, mostrando indícios de pobreza em todo meu aspecto.

Um ar de prosperidade sempre atrai a atenção e, ainda mais, uma "atenção favorável", pois o desejo fundamental em todo o coração humano é prosperar.

Meu novo amigo convidou-me a almoçar com ele, no seu clube. Antes de serem servidos o café e os charutos, ele já me falara sobre o contrato para a impressão e distribuição da revista. E eu "consentira" em que ele fornecesse o capital, sem cobrar nenhum juro.

Naturalmente, para lançar uma nova revista, é necessário um capital considerável que é sempre difícil obter, mesmo oferecendo as melhores garantias. O capital necessário para o lançamento do Hill's Golden Rule Magazine, que o leitor deve conhecer, ia além de 30 mil dólares e todos os cêntimos desses 30 mil dólares foram conseguidos principalmente devido à "psicologia do vestuário".

Para muitas pessoas pode parecer absurdo que um homem em péssimas condições financeiras começasse logo por fazer uma dívida de $ 675,00 somente em roupas, mas a psicologia que aí se encontra justifica-a plenamente.

A aparência de prosperidade não somente causa uma impressão favorável àqueles a quem se precisa pedir favores, como também tem nem efeito sobre a própria pessoa.

Quanto a mim, eu não somente sabia que o fato de estar bem vestido impressiona favoravelmente os outros, como também sabia que isso produziria um estado de confiança em mim mesmo, sem o qual eu não poderia reconquistar a fortuna perdida.

O trecho acima foi retirado do lendário livro "A Lei do Triunfo", de Napoleon Hill, escrito em 1928. No exemplo vemos como um homem conseguiu chamar a atenção de um grande editor, e assim, chegar ao seu objetivo de publicar sua revista, que até então era apenas uma ideia.

As lições retiradas da história
1. O personagem foi autoconfiante. Sem a autoconfiança, bem provável que o homem da história continuasse falido. A autoconfiança é, sem dúvida,

uma das principais habilidades que todo profissional precisa desenvolver para conquistar uma carreira sólida e se sobressair no mercado. Esta é uma característica que diferencia um vendedor de sucesso de um profissional estagnado, preso à sua zona de conforto, que tem medo de arriscar justamente por não confiar em seu trabalho.

2. Acreditou no marketing pessoal. Como destaquei no capítulo anterior, ao apostar no marketing pessoal, suas chances de obter resultados aumentam consideravelmente. A todo momento estamos vendendo nossas ideias, serviços, produtos, ou objetivando convencer um público a adotar um objetivo. Por isso, a construção de um bom marketing pessoal não deve ser deixada de lado e precisa ser levada a sério pelos profissionais. Isso fica claro na história acima.

3. Criou uma estratégia para chegar ao seu objetivo. Muitos resultados são conseguidos com um bom plano em ação. O ato de traçar uma estratégia, pensando desde a roupa até a forma como abordaria o dono da revista, fez com que o personagem chegasse mais facilmente aos seus objetivos. Isso mostra porque você deve sempre ter um plano e, o mais importante, colocá-lo em prática com inteligência e foco.

4. Foi perseverante. Percebemos a perseverança como qualidade do nosso personagem. Repare como ele não se deixou levar pelas adversidades e não desistiu de tentar algo novo. Napoleon Hill, o autor do livro onde a história foi compartilhada, dizia o seguinte: "Sou muito grato às adversidades que apareceram na minha vida, pois elas me ensinaram a tolerância, a simpatia, o autocontrole, a perseverança e outras qualidades que, sem essas adversidades, eu jamais conheceria."

Não há nenhuma receita mágica para desenvolver a autoconfiança, mas certamente existem alguns hábitos diários que podem colocá-la no nosso caminho com mais facilidade. Mesmo alguém que possua poucas competências ou aptidões em algo, ainda assim, pode ser autoconfiante. Eu posso não saber de algo, mas posso sentir-me confiante a aprender, por exemplo.

A autoconfiança estabelece um paralelo com a intencionalidade diante a algo, e a uma perspectiva probabilística de ser capaz de arranjar uma forma de vir a ser bem-sucedido. Meu conselho é que você decida ser autoconfiante agora e em todos os dias de sua trajetória, caso queira realmente ter sucesso vendendo suas ideias, serviços ou produtos.

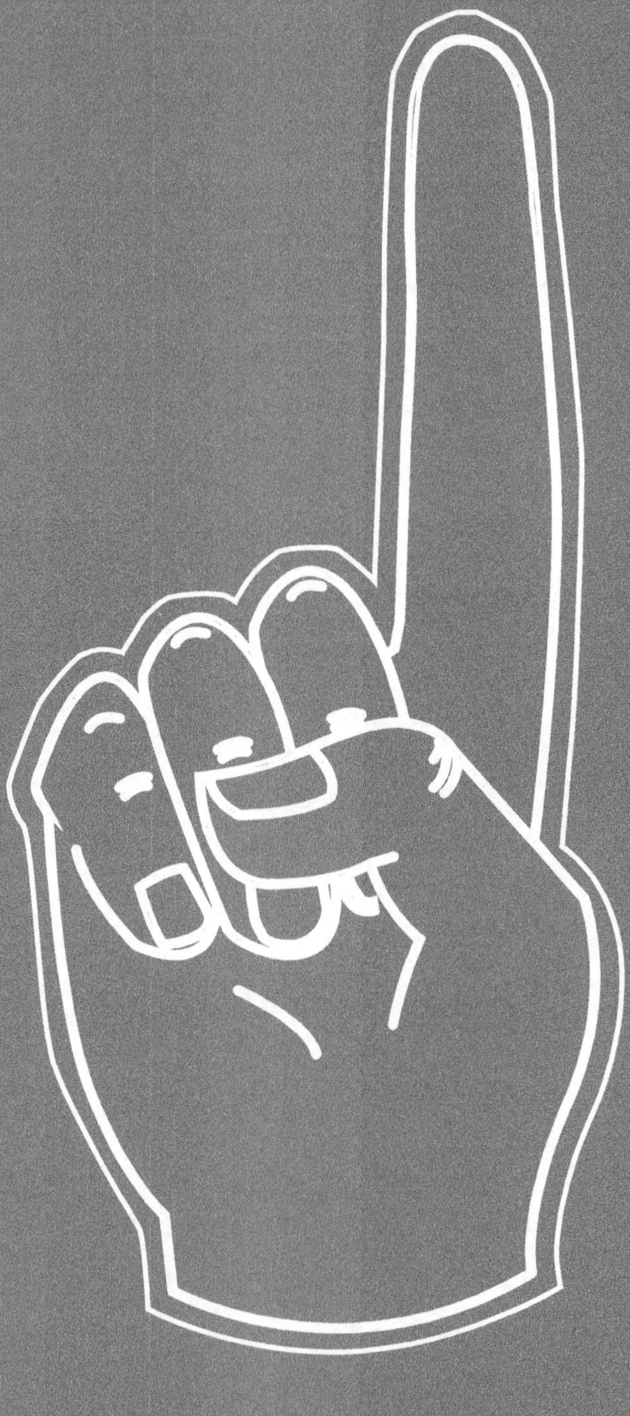

Capítulo 17
Como vender em épocas de crise

> *"A mudança é a lei da vida. E aqueles que apenas olham para o passado ou para o presente irão com certeza perder o futuro".*
>
> — John Kennedy (político americano que serviu como 35° presidente dos Estados Unidos).

A pesar de toda positividade, não há como negar que crises nos afetam. Mesmo que elas não arrombem a nossa porta, só de vê-las passar pela janela já nos faz ficar desconfortáveis.

A forma como você reage às crises é o que realmente importa.

Crises vêm para nos provar que segurança e estabilidade simplesmente não existem. Pare para pensar naquelas "crenças sagradas" das últimas décadas: a semana de trabalho de quarenta horas, as férias anuais, a garantia de emprego, a aposentadoria com 65 anos de idade e até o concurso público.... Nada disso faz mais sentido.

O que eu posso dizer imediatamente a você que está desconfortável com esse ar de crise? Não procure um porto seguro para esperar o fim da tormenta, porque o vento da mudança é implacável. Na verdade, eles tendem a ficar mais fortes e intensos, batendo à porta tanto dos grandes quanto dos pequenos.

Vamos refletir!

Necessidades geram mudança

Estudos comprovam que o ser humano só reage diante de uma mudança quando enxerga a necessidade. São raros os casos de transformação sem que exista um fator desencadeador.

Em outras palavras, a saída da famosa zona de conforto, que nada mais é do que a nossa acomodação diante de uma situação — ou até mesmo perante nossas crenças, só acontece quando não temos para onde correr.

Robert Kriegel e David Brandit, no livro "Vacas Sagradas dão os Melhores Hambúrgueres", apresentam a seguinte afirmação: "Os processos são fáceis, as pessoas que são difíceis". A experiência prova que as pessoas têm uma resistência natural à mudança. Para elas, a mudança é desconfortável, imprevisível e muitas vezes aparenta ser insegura.

Mudar é um verbo repleto de incertezas e sempre parece mais difícil do que é. A mudança nos coloca de frente ao desconhecido e isso tende a fazer despertar os piores medos: ser demitido, criticado, humilhado, desentendido, receber um grande não, etc. Então, acabamos "não arredando o pé" de onde estamos.

A maioria das pessoas reage à transformação se travando com resistência ativa, passiva, inconsciente, através da autossabotagem, do subterfúgio e de diversas outras "fugas". Podem resistir de maneira emocional.

É, as pessoas resistem!

Em "Vacas Sagradas dão os Melhores Hambúrgueres", os autores também citam uma pesquisa que envolveu 1.200 administradores de alto escalão da IBM, feita após a empresa já ter caído em desgraça, mostrou que 40% ainda não aceitavam a necessidade da mudança.

Interessante é pensar que a mudança começa a partir do fim de um período, de uma era, de um processo, de algo que tínhamos como "certo". E mesmo nos casos em que a mudança surja para melhorar nosso status, ou seja, quando estamos nos livrando de um problema ou migrando para algo que significa melhoria, ainda assim, podemos resistir.

A capacidade de reagir positivamente às tais mudanças pode nos fazer bem. Indivíduos que não se acovardam diante da mutação são mais bem-sucedidos. Quando são motivados a mudar, as pessoas podem evoluir, crescer.

Conquanto nem sempre seja fácil de seguir, o modelo de prontidão à mudança é o único capaz de levar você à conquista de resultados em épocas de crise.

E o que seria prontidão à mudança?

Esta é uma atitude que envolve basicamente:
1. Ser receptivo às novas ideias. Mantenha-se na estrada para o seu sucesso, sendo aberto e receptivo a novas possibilidades. Quanto mais você aprende e se desenvolve, mais efetivo e progressivo se torna. Não se sinta incapaz nem inseguro a ponto de se deixar paralisar.
2. Ser confiante em vez de ansioso. Trabalhe sua autoconfiança para fortalecê-la. A maioria das inseguranças está relacionada a uma baixa autoestima, a um medo exagerado das coisas não saírem bem, de não ser aceito, de fazer papel de ridículo, etc.
3. Se sentir desafiado e não ameaçado pelas transições. Se você não se sente desafiado pelas mudanças é porque já está estagnado e foi contaminado pelo vírus da inércia. Daí a importância de se trabalhar com metas pessoais e profissionais motivadoras que levem à conquista e à mobilização de forças individuais.
4. Estar comprometido com a mudança. Processos de mudança são inevitáveis em empresas e profissionais que têm compromisso com a evolução constante e permanente de seus negócios. Nem sempre, porém, é fácil lidar com as transformações. Você deve estar comprometido com a mudança e encará-la como um processo constante.

Uma questão de excelência

Entre os que permanecem travados e os que aceitam passivamente, estão os que criam a mudança. Trazendo para o contexto de vendas, com a crise em evidência, homens de vendas inteligentes é quem determinam como a mudança será.

Isso tudo soa utópico e fantasioso quando você crê que determinadas transições tem o poder sobre nossas próprias vidas. Mas a verdade é que fatores externos jamais poderão liderar o que está dentro, a não ser que você permita. Portanto, criar a mudança é mostrar como as coisas serão feitas e fazer para mostrar como se fez.

Promover a mudança é empreender ações para:

- Antecipar e iniciar a mudança.
- Desafiar o *status quo*.
- Criar em vez de reagir à mudança.
- Liderar em vez de "seguir a boiada".

- Formar a opinião em vez de seguir o pensamento de outros (cliente, concorrência e indústria).

O segredo então é parar de dar desculpas e evitar se fazer de vítima. Ainda que as coisas estejam escuras, complicadas, em crise, é possível aproveitar esse momento para amadurecer.

Portanto, se tiver que mudar de estratégia, de produto ou até mesmo de empresa, não hesite. Ouse, inove e não fique esperando o tempo abrir. Lembre-se que você não tem o poder de fazer a chuva parar, mas pode abrir um guarda-chuva.

"Nunca conheci pessimista bem-sucedido", disse o empresário Jorge Paulo Lemann. Em épocas turbulentas, a afirmação não poderia ser mais poderosa. É por isso que, em momentos incertos, o homem de vendas deve ter uma certeza: nenhuma crise é eterna.

Além do mais, planejamento, gestão estratégica e, claro, capacidade de adaptação, são essenciais para conseguir aproveitar as oportunidades mesmo em tempos difíceis.

Não se esqueça também de se blindar contra argumentos negativos. Vendedores inteligentes focam na solução e não no problema. Afinal, foco no problema gera vitimização, foco na solução gera transformação.

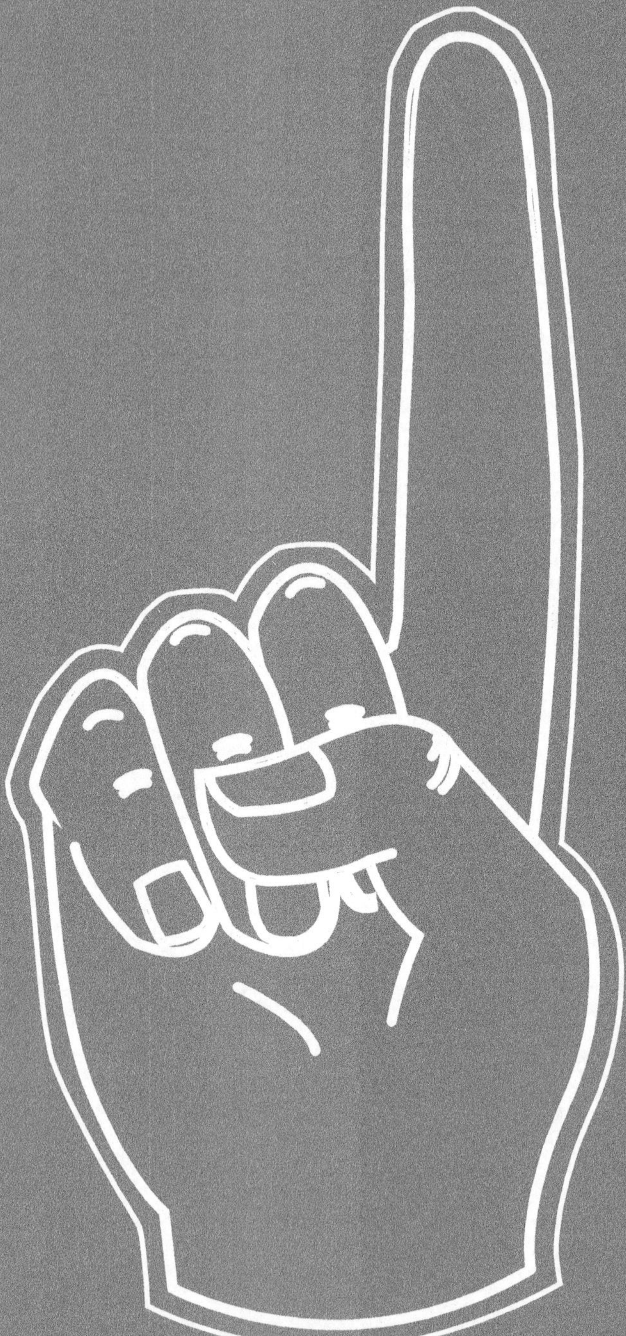

Capítulo 18
Motivação

> *"Antes de mais nada, fica estabelecido que ninguém vai tirar meu bom humor."*
> — Fernando Sabino (escritor e jornalista brasileiro)

Perder a motivação na vida, no trabalho e nos negócios pode acontecer com qualquer pessoa. Mas você não pode, de forma alguma, ficar conhecido como um vendedor desmotivado. Aliás, nenhum homem de sucesso é lembrado como alguém que foi desmotivado, desanimado e cansado de lutar, concorda?

É exatamente por isso que o assunto motivação é de extrema importância. Ninguém chega ao topo, realiza seus desejos, alavanca um negócio sem uma boa base de motivação pessoal constante. Sim, soa óbvio, mas na prática, nem sempre é simples.

Como seres humanos, temos tendência a desanimar diante das dificuldades da vida. Enfraquecemos quando as circunstâncias não são favoráveis. Sim, é normal desanimar, mas permanecer desanimado não é uma opção para um homem de vendas.

Motivação pessoal

Motivação pessoal é um assunto muito tratado por livros, sites e blogs de todo o mundo. Não seria por menos, já que um número expressivo de pessoas pesquisa por isso diariamente. Para se ter ideia, o termo "frases motivacionais" é pesquisado mais de 10 mil vezes no Google todos os meses. "Frases de motivação" é buscado de 100 mil a 1 milhão de vezes.

Ward Farnsworth, reitor da Escola de Direito da Universidade do Texas, explica que as pessoas gostam de frases inspiracionais porque há um poder nas palavras. "As pessoas têm um apetite por sabedoria expressa de uma maneira agradável", afirma.

Para quem está aberto a esse tipo de mensagem, frases bem estruturadas com um apelo motivacional podem ser significativas e usadas como poderosos objetos de mudança, seja na forma de pensar ou simplesmente na atitude do dia a dia.

Mas, claro, motivação pessoal não se resume a frases de impacto. Costumo dizer que motivação parte de encontros, principalmente dos encontros consigo mesmo através de sua própria experiência de vida.

Desejo ardente

A automotivação é uma característica ligada ao perfil pessoal. Quem pensa e age de forma automotivada, naturalmente, olha o mundo por um ângulo mais assertivo. Tem vontade de superar, de correr riscos, de celebrar as vitórias, aprender com os erros e continuar trabalhando até conseguir.

Manter-se motivado quando você trabalha no que gosta, quando as vendas estão sendo fechadas, quando pedidos de orçamento estão sendo feitos, é fácil. Difícil é manter o bom humor e a disposição mesmo a despeito de circunstâncias adversas.

Em "A Lei do Triunfo", Napoleon Hill associa o desejo ardente ao sucesso. Aliás, ele diz que a combinação de um desejo ardente de prosperidade com um propósito de vida definido e um plano de ação efetivo para se atingir o objetivo, será sempre o melhor caminho. Quando faltar motivação, analise se a chama do desejo foi devidamente acesa dentro de você.

Entendendo a motivação através da pirâmide de Maslow

Abraham Maslow foi um psicólogo humanista que propôs uma classificação diferente das necessidades humanas. Para ele, existem cinco tipos de necessidades:

1. Necessidades fisiológicas;
2. Necessidades de segurança íntima (física e psíquica);
3. Necessidades de amor e relacionamentos (participação);
4. Necessidades de estima (autoconfiança);
5. Necessidades de autorrealização.

Essa classificação revolucionária permitiu uma nova visão sobre o comportamento humano, nos levando a entender que as pessoas não buscam apenas saciar necessidades físicas, mas crescer e se desenvolver.

Maslow organizou as 5 necessidades numa pirâmide, colocando na base as necessidades mais básicas e primitivas. Ele descreve uma diferença entre as necessidades primárias e as mais elevadas.

As primeiras necessidades são deficitárias, ou seja, baseadas na falta. Estas devem ser saciadas para evitar um estado indesejável. Já as necessidades dos níveis mais altos da pirâmide são necessidades de crescimento. Elas não buscam ser saciadas para se evitar algo indesejável, mas para se alcançar algo que se deseja.

Duas grandes lições primárias podemos tirar ao analisar a Pirâmide de Maslow e relacioná-la à motivação:

1. As necessidades fisiológicas, necessidades de segurança e algumas das necessidades sociais são grandes fatores de desmotivação. A teoria apresentada por Maslow mostra que a satisfação destas necessidades é básica. A ausência da satisfação delas não motiva ninguém, pelo contrário, desmotiva.
2. As necessidades sociais, necessidades de status, de estima e de autorrealização são fortes fatores motivacionais. Na ausência dessas necessidades, as pessoas batalham para tê-las satisfeitas. Portanto elas motivam a alcançar satisfação.

A águia e a transformação

Para fechar o capítulo, decidi incluir um dos textos motivacionais que mais me tocam. Ele fala sobre a transformação da águia. Realmente considero esta parábola repleta de significados, os quais muito podem nos acrescentar como seres humanos e como profissionais quando falamos em motivação.

A águia é uma ave que vive mais que as outras e pode chegar aos 70 anos. Mas, para atingir essa idade, aos 40 anos, ela tem que tomar uma séria e difícil decisão.

Suas unhas, já compridas e flexíveis, não conseguem mais agarrar com precisão. Seu bico, alongado e pontiagudo, não lhe permite mais caçar com eficácia. Suas asas, envelhecidas e pesadas em função da grossura das penas, não lhe possibilitam mais voar com facilidade.

Nessa situação, a águia só tem duas escolhas: morrer ou enfrentar um dolorido processo de renovação, que dura, em média, 150 dias. Para que esse processo aconteça, a ave precisa voar para o alto de uma montanha e se recolher em um ninho próximo a um paredão, onde ela não precise voar. Ao encontrar o lugar ideal, ela começa a bater com o bico na parede, até arrancá-lo por completo.

Então espera nascer um novo bico, que lhe servirá depois para arrancar as próprias unhas. E quando as novas unhas nascem, chega a vez das penas velhas serem arrancadas. Cinco meses depois, completado o doloroso processo, a águia finalmente sai para o famoso vôo de renovação, pronta para viver mais 30 anos.

Em nossa vida, muitas vezes, temos de nos resguardar por algum tempo e começar um processo de renovo. Isso é necessário para que continuemos a voar. Esse processo costuma ser doloroso e difícil, pois nos leva a desprender de lembranças, costumes e até tradições que nos causam dor.

Temos que arrancar uma parte de nós e enterrar o passado, para que, livres do peso, possamos aproveitar o resultado valioso que uma renovação pode trazer. Muitas vezes permanecemos presos à rotina, estagnados a um cotidiano de angústias. Corremos como ratos enquanto deveríamos voar como águias.

Encare o processo de transformação e alce um lindo vôo para uma nova vida de sonhos e realizações. Tenha sempre uma meta. Voe alto e seja feliz!

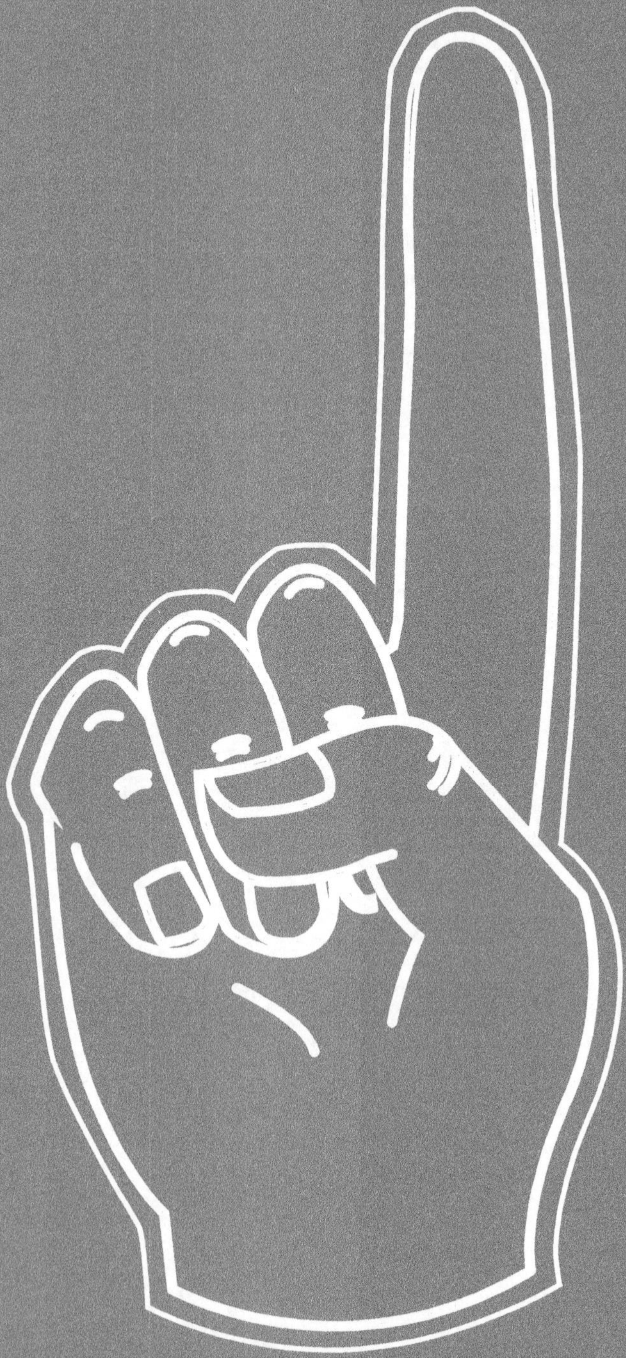

Capítulo 19

12 hacks para você alcançar seus objetivos financeiros

"Ganhar dinheiro é legítimo e bom, ser hipócrita com este tema é nojento. Em contrapartida, a pessoa que ama o dinheiro e acha que ele é tudo, é digna de pena!"

— Flávio Augusto da Silva (empresário e escritor brasileiro; fundador da empresa Wise Up e atual presidente do Orlando City Soccer).

O termo hack vem da área de tecnologia e pode se referir à reconfiguração ou reprogramação, ou também, a atalho. A palavra também pode se referir a uma correção ou melhoria rápida e inteligente de um problema de programa de computador.

Nos negócios, hacks são usados para ajudar a resolver problemas operacionais e estratégicos de forma dinâmica.

Numa das épocas mais produtivas na minha vida profissional, me baseei numa série de ideias que me permitiram me destacar como homem de vendas. Com base em algumas delas, eu literalmente construí um negócio e até hoje colho os frutos do que plantei nessa fase da vida.

O que vou apresentar aqui parte dos mesmos fundamentos usados por mim durante uma década como homem de negócios. São hacks que provam que mudar de vida não é tão difícil quanto parece, e que a limitação pessoal e profissional pode ser vencida com hábitos simples, porém efetivos.

1. Identifique sua maior habilidade, transforme em produto ou serviço e venda

Qualquer habilidade que você tenha pode ser transformada em serviço ou produto. Você só precisa saber "empacotar". Isso é o que chamo de "baú de dinheiro". Um hobby, um esporte, uma área de formação... Você pode criar cursos, escrever livros, desenvolver um treinamento em grupo, enfim, as ideias são infinitas.

Atualmente eu vivo de minha principal habilidade: escrita. Livros físicos e digitais, produção de conteúdo para sites, redação publicitária, enfim, meu talento é direcionado a vários tipos de trabalho que envolvem a escrita.

2. Compre ou produza algo mais barato e venda mais caro

Está aí algo que boa parte dos empreendedores bem-sucedidos fazem: comprar um produto mais barato e vender com uma boa margem de lucro. Isso pode alavancar os seus ganhos como vendedor.

De picolé a aviões, você pode alcançar boas margens de lucro com este hack. Isso abre o caminho para aquela história de começar a "empreender do zero". Se você encontrar um produto bom para oferecer, poderá criar capital somente com sua capacidade de vendê-lo.

3. Não se contente, empreenda

Ter um emprego como vendedor, em muitos casos, pode parecer bom. Mas o máximo que ele pode te dar, com exceções, é um bom salário e boas comissões. E como eu sempre gosto de dizer: existe uma enorme diferença entre lucro e salário.

Jim Rohn pregava que lucro é bem melhor que salário. Que tal começar a vender lucrar para si mesmo? Uma boa ideia é vender para o seu patrão em tempo integral, e para você mesmo em tempo parcial, à noite ou nos fins de semana.

4. Trabalhe de dia, empreenda à noite

Você não precisa necessariamente largar um emprego para empreender. Faça os dois. Trabalhe de dia pelo seu salário e a noite pela sua fortuna. Se você souber se planejar, poderá continuar suprindo suas necessidades com a renda fixa e construir seu patrimônio com o lucro do que conseguir vender nas horas extras.

Comece a inovar, criando e implementando novas ideias e veja como tudo começará a mudar. Seja mais que um vendedor, seja inovador, desbravador; porte-se com um profissional criativo e um homem de negócios.

5. Troque dias de diversão para criar novas formas de ganhos

Sei que para muita gente que trabalha os momentos de lazer são sagrados. Mas se você quer mesmo que seu futuro seja melhor, prive-se de alguns momentos de lazer para criar novas formas de ganhos. Diga não algumas vezes.

Quem quer viver fácil, deve trabalhar duro! A maioria das pessoas ricas estão dispostas a sacrificar longas horas para gerar e manter suas fortunas. Desde que você seja sensato e inteligente, repita este ato.

6. Não coloque a culpa no chefe, aprenda a fazer melhor

Evite hábitos negativos e nunca terceirize suas responsabilidades. Se seu chefe, gerente de vendas, ou qualquer outra pessoa não valoriza você, use isso para dar impulso à sua carreira. Seja o melhor profissional que puder.

Não se atenha a fontes externas de influência, busque o entusiasmo e aja com força de vontade. A comiseração, o vício de se fazer de vítima, definitivamente, não combina com o sucesso.

7. Se o ambiente é ruim, mude

Não se prenda a um ambiente medíocre. Se seu emprego te faz se sentir mal, se o produto que você vende te incomoda de alguma forma, seja por práticas não saudáveis, ou porque você mesmo não se adapta, abra mão.

Obtenha conhecimento, trace um plano e "parta para outra". Não espere que as pessoas te reconheçam se elas mesmas não se reconhecem. Aprenda a se promover de forma profissional, aposte em networking, faça amizades, cultive relacionamentos.

8. Não acredite em tudo o que a mídia diz

A mídia é mentirosa. Além de inventar, distorce e aumenta os fatos. Evite TV aberta e os impressos sensacionalistas. Se feche para a hipocrisia do show business e escolha programas que lhe possam acrescentar para sua vida e profissão.

Enquanto muitos estão em casa vendo tevê, outros estão correndo em direção ao sucesso. Leia bons livros, assine canais de empreendedorismo, busque as notícias em sites confiáveis, enfim, blinde sua mente contra influências externas negativas. Seu futuro agradece.

9. Leia coisas boas

A leitura é prática unânime na vida de pessoas bem-sucedidas. Sei que para alguns isso pode ser difícil, mas leia, mesmo que seja um parágrafo por dia. A preguiça mental impede que muitas pessoas realizem seus melhores planos e talvez isso possa acontecer com você.

Adote o hábito da leitura e você se tornará mais apto a encarar a vida. O conhecimento nos abre para verdadeiras transformações. Absorva coisas que edifiquem sua vida e carreira.

10. Tenha boas referências

Infelizmente, pouquíssimas pessoas possuem humildade e hombridade para admitirem que no mundo existem seres que se encontram em um estado superior ao delas. Não de humanidade, mas de genialidade. Quais são as suas referências?

Como seres humanos, temos a tendência de "entrar na fila errada". Podemos escolher como referências pessoas que "não se encontraram na vida" e podemos acabar por repetir os mesmos vícios delas. Por isso, meu conselho é que você busque pessoas dignas de se inspirar e absorva o que elas têm de bom.

11. Nunca ache que é suficiente

O conformismo pode acometer até quem já obteve o sucesso. Pequenas vitórias são importantes, mas nunca devem ser suficientes. Esteja sempre grato e contente, mas nunca satisfeito. Sempre é possível crescer mais.

Nunca se dê por vencido. Seus limites sempre poderão ser superados. Se bateu a meta do mês, não relaxe no mês seguinte. Se conquistou clientes essa semana, faça o dobro na outra.

12. Venda sempre

Uma vez vendedor, sempre vendedor. Vender é uma arte que promove o desenvolvimento de habilidades e a autonomia. É óbvio que não existe negócios sem vendas e quem domina essa arte também domina o mercado.

Já reparou que existem pessoas que são "vendedoras" mesmo quando não estão oferecendo um produto ou serviço? Seja esse tipo de pessoa. Torne o ato de vender tão natural que você nem "sinta" que está vendendo.

13. Faça mais que o esperado

Se você é um leitor atento, deve ter percebido que prometi doze e estou entregando treze hacks. É proposital. Fiz isso para elucidar a importância de sempre surpreender as pessoas, sejam elas familiares, amigos e clientes. Quando você faz mais, recebe mais.

Existem dois tipos de pessoas que não vão à frente:

1. Aquelas que não fazem o que lhes é pedido.
2. Aquelas que só fazem o que lhes é pedido.

Se você quer se destacar em sua área de atuação, precisa criar o saudável hábito de andar a milha extra. Sempre faça mais do lhe pedem, sempre faça mais do que é obrigado a fazer, sempre entregue mais do que prometeu. Do contrário, você será apenas um vendedor mediano, igual a tantos outros.

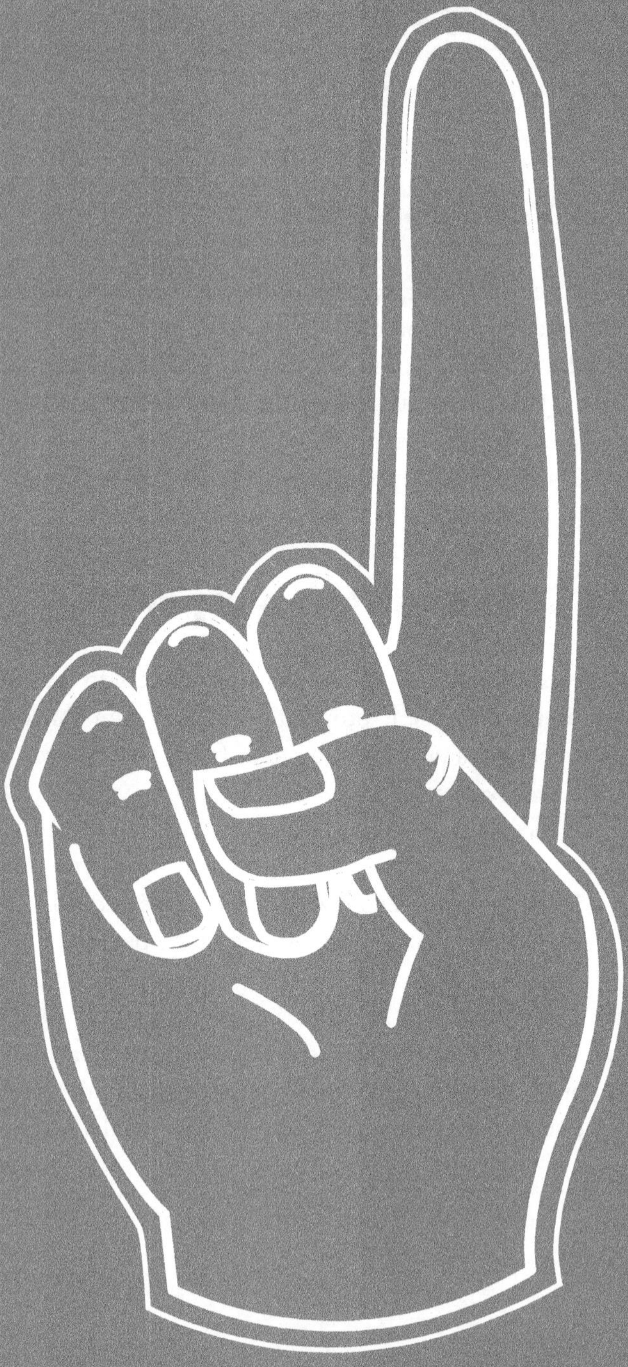

Sobre o seu presente

Agora você já sabe como se tornar um homem de vendas e poder vender qualquer coisa que queira. O que você precisa fazer agora é traçar um plano, escolher um produto ou serviço e seguir em frente. Trabalhe com afinco, decida servir aos outros com integridade e transparência. Este é um belo modo de trabalhar e ganhar a vida. Tenho construído minha carreira com base nessas práticas e colhido muitos frutos. Espero que você também faça o mesmo.

Jamais esqueça que, na estrada da vida, você precisa avançar e tirar bom proveito das lições que aprende na jornada. Lembre-se também que as pessoas ouvem aqueles em quem confiam, respeitam e admiram. Forme uma personalidade agradável e conquiste a confiança das pessoas.

Acredite: há capital em abundância sendo oferecido às pessoas que tem bons produtos ou serviços, pessoas que têm soluções para problemas reais. Se você tiver um bom produto em mãos, encontrará gente disposta a pagar um bom dinheiro para adquiri-lo.

Seja um modelo de comportamento. Precisamos de mais modelos na sociedade em geral. Precisamos de mais pessoas que seguem a linha da integridade, que têm compaixão, que sabem favorecer e gerar valor à vida dos outros. O futuro pertence àqueles que vivem dessa forma. Negócios e riqueza fluem para aqueles que sabem ter uma vida honrada e que servem aos outros com sinceridade. Tire a prova.

Agora, feche o livro e vá vender!

Conteúdo Bônus

Abaixo você confere uma lista de artigos lançados no meu blog oficial. Incluí os links para que você acesse e aperfeiçoe seu conhecimento sobre vendas. Divirta-se!

1. O guia absolutamente completo sobre vendas para você garantir resultados independente do produto ou serviço: http://bit.ly/serie-vendas-1
2. Como vender mais: 4 dicas infalíveis para ajudar você nessa missão: http://bit.ly/serie-vendas-2
3. Técnicas de vendas indispensáveis para gerar faturamento, comissão e lucro: http://bit.ly/serie-vendas-3
4. Como vender bem: 7 dicas fundamentais para você aplicar hoje mesmo: http://bit.ly/serie-vendas-4
5. É resolver o problema de uma forma que ninguém mais é capaz de fazer: http://bit.ly/serie-vendas-5
6. Como ser um bom vendedor vendendo qualquer coisa: http://bit.ly/serie-vendas-6
7. O poder da persuasão: como atrair e conquistar pessoas sem precisar manipular: http://bit.ly/serie-vendas-7
8. Uma dica poderosa para vender mais nos próximos 365 dias usando a arte da persuasão: http://bit.ly/serie-vendas-8
9. Porque o conceito de persona pode aumentar consideravelmente suas vendas e seu lucro: http://bit.ly/serie-vendas-9
10. AIDA: A Técnica de Marketing da Bruxa de Blair: http://bit.ly/serie-vendas-10

Agradecimentos

Delzo Fernandez, obrigado por comprar aqueles seis livros de mim e dizer em frente à escada: "Você leva jeito para vender!" Essa frase mudou a minha vida.

Dona Rute Nery, obrigado por me dar a primeira oportunidade para vender alguma coisa. "Ainda bem que o jornal saiu depois!"

Marcelo Lamenha, gratidão por decidir me contratar como seu agente publicitário e permitir que eu empreendesse como vendedor. Não me esqueci do nosso trato: "Quem ficar rico primeiro, premia o outro".

Ciro Bottini, com seu famoso bordão "Vender, vender, vender!", você se tornou minha primeira referência de vendedor.

Dr. Lair Ribeiro, obrigado por ter escrito o livro "Uma Venda Não Ocorre Por Acaso", que serviu como curso intensivo no meu primeiro ano como estudante de vendas.

Willian Caldas e Marcelo Ortega, obrigado por produzirem a maior parte do conteúdo online sobre vendas que eu consumi nos primeiros anos como vendedor.

Thiago Cunha, agradecido por me ajudar a criar o primeiro blog de vendas. Donos de jornais que me convidaram para ser articulista, gratidão, vocês contribuíram muito com minha carreira.

Eduardo Torres, brother, valeu por fazer o atual excelente trabalho de capa. Gustavo Ferreira, grato por prontamente aceitar o convite de prefaciar a nova versão deste livro.

Alexandre Mirshawka, gratidão imensa por acreditar no meu trabalho como autor. Muito obrigado também a toda equipe da DVS Editora pelo belíssimo trabalho editorial que fazem.

Bem-agradecido a todos os meus ex-clientes por comprarem alguma coisa comigo. Mais bem-agradecido ainda aos meus atuais clientes, pela preferência, confiança e fidelidade.

Não posso deixar de destacar o carinho dos meus leitores. Vocês dão sentido ao meu ofício de escritor.

Um abraço especial a João Paulo Ferreira, Adriana Macedo, Felipe Macedo, Tainara Macedo, Patricia Cardoso, Gabriel Macedo, Benjamim Amaral, Fatima Cardoso, Fernando Amaral e Helen Borsoi. Esse laço é forte.

Até o próximo livro!

Lista de leitura sobre a arte de vender

Kriegel, Robert; Brandt, David. *Vacas Sagradas dão os Melhores Hambúrgueres*. 1996.

Maxwell, John; Dornan, Jim. *Como Tornar-se uma Pessoa de Influência*. 2000.

Acherboim, Silvio; Gorodovits, David. *Negócio Fechado*. 2002.

Mitchell, Jack. *Abrace Seus Clientes*. 2003.

Ribeiro, Lair. *Uma Venda Não Ocorre Por Acaso*. 2004.

Pease, Barbara; Pease, Allan. *Desvendando os Mistérios da Linguagem Corporal*. 2005.

Carnegie, Dale. *Como Falar em Público e Influenciar Pessoas No Mundo dos Negócios*. 2006.

Cury, Augusto. *O Código da Inteligência*. 2008.

Bottini, Ciro. *Venda, Venda, Venda*. 2009.

Cialdini B., Robert. *As Armas da Persuasão*. 2009.

Kotler, Philip. *Marketing 3.0*. 2010.

Gretz, Professor. *Motivação*. 2010.

Ogilvy, David. *Confissões de um Publicitário*. 2011.

Simmons, Gene. *Eu, S.A.* 2014.

Autores, Diversos. *O Livro dos Negócios*. 2014.

Hill, Napoleon. *Pense e Enriqueça*. 2014.

Da Silva, Augusto, Flávio. *Geração de Valor*. 2015.

Hill, Napoleon. *A Lei do Triunfo*. 43ª edição, 2017.

Leia também:

A ARTE DE ESCREVER PARA A WEB
& Produzir Conteúdos Poderosos

PREFÁCIO DE RAFAEL REZ
Autor do bestseller "Marketing de Conteúdo: A Moeda do Século XXI"

PAULO MACCEDO

DVS EDITORA

WWW.DVSEDITORA.COM.BR

Lista de leitura sobre a arte de vender

Kriegel, Robert; Brandt, David. *Vacas Sagradas dão os Melhores Hambúrgueres.* 1996.

Maxwell, John; Dornan, Jim. *Como Tornar-se uma Pessoa de Influência.* 2000.

Acherboim, Silvio; Gorodovits, David. *Negócio Fechado.* 2002.

Mitchell, Jack. *Abrace Seus Clientes.* 2003.

Ribeiro, Lair. *Uma Venda Não Ocorre Por Acaso.* 2004.

Pease, Barbara; Pease, Allan. *Desvendando os Mistérios da Linguagem Corporal.* 2005.

Carnegie, Dale. *Como Falar em Público e Influenciar Pessoas No Mundo dos Negócios.* 2006.

Cury, Augusto. *O Código da Inteligência.* 2008.

Bottini, Ciro. *Venda, Venda, Venda.* 2009.

Cialdini B., Robert. *As Armas da Persuasão.* 2009.

Kotler, Philip. *Marketing 3.0.* 2010.

Gretz, Professor. *Motivação.* 2010.

Ogilvy, David. *Confissões de um Publicitário.* 2011.

Simmons, Gene. *Eu, S.A.* 2014.

Autores, Diversos. *O Livro dos Negócios.* 2014.

Hill, Napoleon. *Pense e Enriqueça.* 2014.

Da Silva, Augusto, Flávio. *Geração de Valor.* 2015.

Hill, Napoleon. *A Lei do Triunfo.* 43ª edição, 2017.

Leia também:

A ARTE DE ESCREVER PARA A WEB
& Produzir Conteúdos Poderosos

PREFÁCIO DE RAFAEL REZ
Autor do bestseller "Marketing de Conteúdo: A Moeda do Século XXI"

PAULO MACCEDO

DVS EDITORA

WWW.DVSEDITORA.COM.BR